Malaise dans la démocratie

DU MÊME AUTEUR

Le Mythe de l'entreprise, *La Découverte, 1992 et 1995*

Les Illusions du management. Pour le retour du bon sens, *La Découverte, 1996 et 2000*

Mai 68, l'héritage impossible, *La Découverte, 1998, 2002, 2006 et 2015*

La Barbarie douce. La modernisation aveugle des entreprises et de l'école, *La Découverte, 1999 et 2003*

La Démocratie post-totalitaire, *La Découverte, 2002 et 2003*

La France morcelée, *Gallimard, Folio-Essai, 2008*

La Gauche à l'épreuve, *Perrin, 2011*

La Fin du village. Une histoire française, *Gallimard, 2012*

Jean-Pierre Le Goff

Malaise dans la démocratie

Stock

Couverture Coco bel œil
Illustration de couverture : © Getty Images

ISBN 978-2-234-08082-9

À la mémoire de Paul Yonnet

Introduction

D'un monde à l'autre

Le terrorisme islamiste a frappé au cœur des démocraties européennes et produit des effets de sidération. La vision de la souffrance et de la mort, relayée et diffusée en continu à la télévision, confronte soudainement les peuples européens à l'horreur des massacres de masse. Le temps s'arrête et avec lui les repères qui balisaient le quotidien, rendaient le monde familier et humain. C'est le sentiment de sécurité et de confiance indispensable à la vie en société qui fait soudain défaut, le lien qui unit le citoyen à l'État protecteur qui vacille. L'angoisse se diffuse dans l'ensemble de la société ; l'émotion est à son comble et redouble dans les manifestations de solidarité et de deuil. On allume des bougies, on dépose des fleurs, on se tient la main, on marche en silence... Autant de manifestations qui expriment l'indignation, la solidarité du peuple qui pleure ses morts et refuse le terrorisme.

Ces nouveaux rituels de deuil et de solidarité dans l'épreuve témoignent d'une sensibilité émotionnelle et compassionnelle présente dans les démocraties modernes. Restent des questions lancinantes. Comment peut-on commettre des meurtres de masse avec un pareil sang-froid ? Les minutes de silence et les journées de commémoration ressoudent les liens mais laissent entières ces questions. L'émotion ne peut les effacer.

Cette réaction émotionnelle contraste avec celles du passé, quand le pays était en guerre. Aujourd'hui, la situation et la période historique ne sont plus les mêmes. La guerre ne vient pas d'un État et d'un pays clairement délimités qui menacent d'envahir le territoire. Sur le territoire national, la menace du terrorisme est plus diffuse, la guerre en question se réclame de l'islam et veut être une « guerre sainte » contre l'Occident, les juifs, les chrétiens, les mécréants et les traîtres parmi les musulmans. Pour les citoyens vivant dans un pays démocratique moderne, ce langage guerrier et religieux paraît venir d'un autre âge, il déconcerte et semble fou.

Ces réalités nouvelles ne suffisent pas à rendre compte du désarroi des populations au sein des pays démocratiques. Elles renvoient à une évolution des mentalités et des sensibilités individuelles et collectives. Autrefois, les individus étaient plus directement confrontés à la mort, au tragique et à l'« ennemi », qui faisaient partie de la vie, s'intégraient à la conception de la condition humaine, de la politique et de l'histoire. La défense et le combat de la patrie avaient alors des accents guerriers, et pas trop d'états d'âme ; l'ennemi allait « connaître le prix du sang et des larmes ». Aujourd'hui, l'émotion est plus « à fleur de peau », on pleure plus facilement en public ; on a du mal à admettre que des ennemis veulent nous exterminer alors qu'on veut vivre en paix et profiter de la vie comme on l'entend.

Le problème est que, même si vous ne voulez pas d'ennemi, « c'est l'ennemi qui vous désigne » : « Et s'il vous choisit vraiment comme ennemi, vous pouvez lui faire les plus belles prestations d'amitié. Du moment qu'il veut que vous soyez l'ennemi, vous l'êtes. Et il vous empêchera de cultiver votre jardin[1]. » Afficher partout et de toutes les manières de nobles sentiments : l'amour contre la haine, la fraternité contre la division, l'humanité contre la barbarie… n'y changera rien.

Ce problème est devenu plus aigu avec les meurtres de masse perpétrés à Paris en novembre 2015. Les terroristes islamistes ont frappé au cœur la capitale, où règne une certaine insouciance associée à la convivialité, la fête et la bohème comme nouveau style de vie démocratique, ainsi qu'aux alentours du Stade de France, où les grands événements sportifs attirent les foules et sont retransmis à la télévision. C'est une nouvelle mentalité liée au développement des loisirs, de la fête et du spectacle qui s'est trouvée soudainement confrontée à la mort, aux meurtres de sang-froid… La fracture entre deux mondes est des plus nettes : d'un côté, un mépris fanatique de la mort ; de l'autre, un souci individualiste de soi, des loisirs et des plaisirs qui, pour légitime qu'il soit, peut faire considérer la vie en société démocratique comme une sorte de donnée naturelle composée d'individus tous semblables et d'ayants droit. L'épreuve de la réalité sous la forme paroxystique du fanatisme et de la mort est d'autant plus difficile à affronter.

En novembre 2015, le terrorisme a frappé le jour même où certains avaient décrété une « Journée de la

1. Julien Freund, *L'Aventure du politique. Entretiens avec Charles Blanchet*, Paris, Critérion, 1991, p. 45.

gentillesse », ce qui montre à quel point on peut vivre en dehors de la réalité. Chez beaucoup, l'émotion se mêlait à des déclarations d'amour et de fraternité au monde entier. On chantait à la fois *La Marseillaise* et la chanson de John Lennon *Imagine*, célébrant la paix, la fraternité et un monde unifié alors que la réalité était tout l'opposé. La tour Eiffel redessinée s'incrustait dans le symbole du mouvement pacifiste[1]. Le drapeau français côtoyait des drapeaux plus *Peace and love* ; la fête devenait le symbole de la vie démocratique et un acte de résistance face à des barbares considérés comme des fous ou des démons sortis de nulle part et ne relevant pas de l'humain. Tandis que sur les ondes et les écrans de télévision s'accumulaient les témoignages déchirants, que l'émotion semblait tout envahir, une bonne partie du pays était en même temps en rage de voir que la France et les pays européens s'étaient montrés impuissants à frapper efficacement ceux qui veulent les détruire et le font savoir depuis longtemps.

Il importe d'essayer de comprendre ce qui a pu amener à un tel déni des réalités, comment une mentalité angélique et pacifique a pu se développer. C'est ce qu'entend faire ce livre, en essayant de cerner au plus près le malaise et les divisions qui se sont instaurés en France et dans les pays démocratiques européens.

Un nouveau monde problématique

Ce livre n'est pas né en réaction aux derniers attentats, mais d'une réflexion sur les évolutions problématiques de

1. Aux origines, ce sigle en forme de cercle était celui des opposants à l'armement nucléaire en Grande-Bretagne.

la société française que je mène depuis longtemps. Les lecteurs de mes précédents ouvrages pourront y trouver les thèmes privilégiés de ma réflexion, qui structurent le tableau d'un malaise dans la démocratie qui s'est exacerbé au fil des ans pour atteindre aujourd'hui son point limite.

L'interprétation économiste de ce malaise souligne avant tout le poids de la « mondialisation » et du « néolibéralisme », sans que ces notions soient définies précisément. Elle réduit le malaise dans la démocratie au simple effet d'une infrastructure économique qui en serait le fondement. La question économique peut être retournée et posée d'une autre manière : qu'en est-il de nos ressources politiques et morales, intellectuelles et culturelles, qui ont constitué autant de garde-fous contre le libre jeu de la concurrence et l'hégémonie du modèle marchand ?

Ce livre entend souligner l'importance de ce malaise en essayant de mettre en lumière le soubassement culturel et sociétal sur lequel il repose. Ce soubassement me paraît marqué par un certain nombre de fractures présentes au sein de la société depuis longtemps.

Une nouvelle conception du monde et de la condition humaine s'est diffusée en douceur à travers tout un courant moderniste de l'éducation, du management, de l'animation festive et culturelle tout autant que par l'écologie fondamentaliste, les thérapies en tout genre et les nouvelles formes de religiosité diffuse. Il importe d'opérer un recul réflexif et critique sur ces courants si nous voulons comprendre le malaise existant. Revenant sur l'origine de l'individualisme et de ces courants, ce livre montre le lien paradoxal entre le modernisme et la contre-culture des années 1960 et 1970, qui s'est trouvée banalisée et intégrée à la culture dominante, aboutissant à l'hégémonie du « gauchisme culturel[1] », à un conformisme individualiste de masse se présentant sous les traits de l'anticonformisme, de la fête et de la rébellion qui vit à l'abri de l'épreuve du réel et de l'histoire tout en ayant tendance à se prendre pour le centre du monde. C'est tout un monde à part qui s'est créé et a accentué les fractures de la société en ignorant et en méprisant ceux qui n'entraient pas dans ce modèle.

Ces fractures renvoient à des différences de classe, de situation sociale, aux clivages pouvant exister entre les métropoles mondialisées et la France périphérique[2]. Mais ces fractures ne sont pas seulement économiques et sociales, elles sont également « culturelles », au sens anthropologique du terme : elles renvoient à un ensemble d'idées, de représentations, de valeurs, d'affects qui imprègnent plus ou moins consciemment la société. Elles mettent en jeu des conceptions différentes de la vie individuelle et collective, des façons de concevoir la condition humaine, le rapport à la nation et à la civilisation dans lesquelles on vit. L'« insécurité culturelle[3] » ne se réduit pas ainsi à une insécurité de classe ; l'inquiétude identitaire ne concerne pas seulement les catégories populaires, même si celles-ci sont particulièrement concernées. En d'autres termes : ces fractures culturelles ne recoupent pas mécaniquement les différences de classes, de situations

1. « Du gauchisme culturel et de ses avatars », *Le Débat,* n° 176, septembre-octobre 2013.

2. Christophe Guilluy, *Fractures françaises,* François Bourin éditeur, 2010, et *La France périphérique. Comment on a sacrifié les classes populaires,* Flammarion, 2014.

3. Concept mis en avant par Christophe Guilluy dans son livre *Fractures françaises, op. cit.*, et par Laurent Bouvet in *L'Insécurité culturelle,* Fayard, 2015.

ou de statuts, pas plus que l'appartenance politique. Elles sont largement transversales à ces appartenances et à ces situations.

Dans la façon de se positionner par rapport aux questions anthropologiques et culturelles, le type d'activité que l'on mène et le rapport qu'il implique à la réalité et aux autres, et surtout les différences de génération, l'éducation première au sein de la famille et l'enseignement reçu sont déterminants. Plus fondamentalement, je crois que la façon de concevoir l'existence individuelle et collective n'est pas le simple effet d'une détermination sociologique, elle implique un choix individuel et collectif plus ou moins conscient qui, comme tel, mérite d'être soumis à examen et interrogation.

C'est précisément ce que ce livre entreprend de faire à partir de l'analyse des postures et des fractures existant dans le monde du travail, de l'éducation, de la culture et de la religion, domaines qui me paraissent déterminants pour comprendre le malaise que nous vivons dans la mesure où ils sont particulièrement révélateurs du développement d'un nouvel individualisme qui pose des défis inédits à la vie en société.

Des seuils ont été franchis qui font apparaître nombre de principes, d'idées et de débats comme tournant de plus en plus à vide parce que leur rapport à la réalité et à l'état de la société est de plus en plus décalé. Ce décalage n'est pas dû essentiellement à des évolutions économiques et sociales, au développement des nouvelles technologies de l'information et de la communication. Ces facteurs existent mais ils sont insuffisants pour rendre compte d'un fossé culturel plus important qui n'est pas une simple affaire d'adaptation.

On peut y voir une évolution, somme toute banale, qui a toujours existé dans le cours de l'histoire, ou encore la marque d'une crise consubstantielle à la démocratie, dans la mesure où celle-ci se développe en dehors de tout repère de certitude et est ouverte à l'interrogation. Pour pertinentes que soient ces idées, elles peuvent laisser penser qu'il n'y a rien de vraiment inédit depuis l'avènement de la démocratie moderne.

Ce livre insiste au contraire sur l'importance et le caractère nouveau des bouleversements et des fractures dans la seconde moitié du XXe siècle, qui ont fait entrer les démocraties dans une nouvelle étape de leur histoire et entraîné la formation d'un « nouveau monde ». Le développement de la production, de la consommation et des loisirs s'est accompagné d'un nouvel individualisme et d'une « révolution culturelle » qui ont divisé les pays démocratiques d'une manière qui ne ressemble guère aux conflits sociaux du passé.

Le « nouveau monde » n'est pas la simple manifestation renouvelée du projet toujours inachevé de la modernité[1], dans la mesure où il comporte une mise en question de l'anthropologie sur laquelle s'est construite cette modernité. Le nouvel individualisme contemporain s'inscrit dans le mouvement de l'émancipation de l'individu qui participe de l'avènement de la démocratie mis en lumière par Tocqueville dans son étude sur la société américaine du XIXe siècle[2]. Mais il a poussé ce mouvement à l'extrême et l'a fait basculer dans un

1. Myriam REVAULT D'ALLONNES, *La Crise sans fin. Essai sur l'expérience moderne du temps,* Seuil, 2012.

2. Alexis de TOCQUEVILLE, *De la démocratie en Amérique* (1835), Gallimard, 1961.

déséquilibre et une déliaison qui rendent problématique le rapport que l'individu entretient avec ses semblables, avec le pays et ses institutions, avec l'héritage culturel et politique dans lequel il s'inscrit. Les ressources morales, intellectuelles, langagières... transmises tant bien que mal à travers les générations se sont considérablement érodées. Nous vivons dans un « nouveau monde » qui comporte des aspects équivoques, voire nihilistes, et ce sont ces réalités-là que les laudateurs de la postmodernité nous présentent paradoxalement comme des bienfaits démocratiques.

À l'inverse de l'apologie du « changement » dans tous les domaines, ce livre met en perspective l'ancien et le nouveau dans une optique qui ne dévalorise pas systématiquement le premier au nom de l'apologie d'un « changement » sans but ni sens autres que ceux d'une adaptation réactive à la mondialisation. Sans croire qu'il est possible de revenir en arrière comme au « bon vieux temps », la comparaison qu'il effectue entre l'ancien et le nouveau monde entend montrer qu'il n'y pas de progrès sans reste, et que ce reste est loin d'être insignifiant.

Un nouveau fossé des générations

L'anthropologue américaine Margaret Mead[1] souligne que, dans un monde en mutation rapide, le passé et l'expérience des aînés ne paraissent plus pouvoir servir de référence pour éclairer l'avenir des jeunes générations. La transmission paraît rompue et cette rupture porte

1. Margaret Mead, *Le Fossé des générations. Les nouvelles relations entre les générations dans les années 1970,* Denoël/Gonthier, 1971-1979.

sur des points anthropologiques essentiels : solidité des liens qui unissent les membres d'une même collectivité autour d'idéaux et de croyances communes, d'épreuves et de souffrances partagées ; défense de cette collectivité pouvant aller jusqu'au sacrifice individuel, à l'image de l'héroïsme des ancêtres[1]... Les questions ouvertes par Margaret Mead méritent d'être reprises à nouveaux frais : près d'un demi-siècle après que ce livre a été écrit, qu'en est-il de la nature et de la solidité des liens qui unissent les membres d'une collectivité historique, des idéaux et des croyances partagés ?

L'hypothèse sous-jacente à ce livre est que nous assistons à un nouveau fossé des générations qui, s'inscrivant dans celui décrit par Margaret Mead, a franchi un nouveau pas, d'une ampleur aussi, sinon plus importante que celle qui a eu lieu dans les années 1960-1970. En ce sens, le fil entre les générations a bien été rompu, y compris entre les *baby boomers* et les jeunes d'aujourd'hui, ce qui ne veut pas dire que le dialogue soit interrompu et qu'il ne soit pas possible de renouer le fil, mais encore s'agit-il de savoir ce que nous voulons transmettre.

Appartenant à cette génération pour qui Mai 1968 a beaucoup compté et ayant été l'un des nombreux acteurs de ce basculement, il me paraît nécessaire d'expliciter mon positionnement et ma démarche pour essayer d'éviter des malentendus.

Beaucoup ont élevé Mai 1968 à la hauteur d'un véritable mythe, ayant le plus grand mal à opérer un recul réflexif et critique sur son « héritage impossible » et sur leur « folle jeunesse ». Fascinés par la belle histoire et les exploits supposés de leurs parents, des héritiers

1. *Ibid.*

adolescents ont voulu reprendre le flambeau et ont eu tendance à faire de Mai 1968 une marque déposée de la modernité démocratique. Ces soixante-huitards de la dernière heure se sont érigés en nouveaux gardiens du temple, en imprécateurs et en dénonciateurs des déviants et des blasphémateurs. Ces règlements de comptes ont des effets post-mortem : la dynamique contestataire des années 1960 est morte depuis longtemps, lui a succédé un nouveau conformisme de masse paradoxalement issu de cette contestation. C'est ce que ne parviennent toujours pas à comprendre quelques soixante-huitards attardés et leurs descendants.

À l'inverse, il existe bien tout un courant revanchard fait de ressentiment envers Mai 1968 qui considère que la contre-culture des années 1960 et les soixante-huitards sont responsables de tous les maux existant dans le monde d'aujourd'hui. Ce courant réduit l'événement historique qui a vu l'émergence de la jeunesse adolescente comme nouvel acteur social et les « désillusions du progrès[1] » dans les sociétés démocratiques à la contestation des soixante-huitards et d'une « gauche américaine » qui a malmené la France[2]. Ceux qu'on appelle communément les soixante-huitards avaient la sourde conscience que l'Histoire était en train de basculer vers un nouveau monde dont ils se voulaient les héros (« Cours,

---

1. Raymond Aron, *Les Désillusions du progrès. Essai sur la dialectique de la modernité,* Calmann-Lévy, 1969, Gallimard, coll. « Tel », 1996.

2. Le livre d'Éric Zemmour *Le Suicide français* (Albin Michel, 2014) décrit les évolutions des années 1970 jusqu'aux années 2000, mais reste prisonnier de cette interprétation et règle ses comptes avec Mai 68 et les soixante-huitards. Alors qu'il aurait pu provoquer un débat contradictoire, ce livre a été diabolisé par la gauche et un certain nombre de médias avec un acharnement peu commun.

camarade, le vieux monde est derrière toi »). Comme bien d'autres avant eux, ils ont fait l'histoire sans savoir l'histoire qu'ils faisaient. Comme j'ai eu souvent l'occasion de le dire, « Mai 1968 n'appartient à personne » en tant qu'événement historique qui participe de l'évolution des sociétés démocratiques, et le lien entre cet événement et le malaise que nous connaissons actuellement, s'il est bien réel, est moins simple qu'il n'y paraît. Ce livre montre précisément qu'il existe dans chacun des domaines pris en compte (individualisme, éducation, travail, loisirs, religion) un rapport entre la contre-culture des années 1960 et le malaise actuel dans la démocratie, mais ce rapport n'est pas un lien direct de cause à effet. S'y ajoutent d'autres événements et ruptures qui ont été décisifs, et ce n'est qu'au terme d'un processus de continuité et de discontinuité comportant plusieurs stades qu'un nouveau conformisme individualiste de masse a fini par triompher[1].

Quelle sociologie ?

Tout le monde reconnaît aujourd'hui l'existence d'un malaise démocratique en France et dans les pays européens. Mais à peine ce constat est-il formulé qu'il est aussitôt entouré d'un certain nombre de mises en garde

---

1. Ce livre ne traite pas de ce processus historique global et de ses différents moments, qui feront l'objet d'un prochain ouvrage. On peut en trouver les esquisses dans deux articles publiés dans la revue *Le Débat* : « Mai 68 : La France entre deux mondes », n° 149, mars-avril 2008 ; « Du gauchisme culturel et de ses avatars », n° 176, septembre-octobre 2013, ainsi que dans *Mai 68 l'héritage impossible,* La Découverte 1998, 2002 et 2015, et *La Gauche à l'épreuve* (1968-2011), Perrin, 2011.

et de précautions qui évitent d'affronter les questions dérangeantes ou en atténuent la portée.

Avant même d'aborder le sujet, il faudrait prendre garde à ne pas verser dans le pessimisme, le déclinisme, le populisme, à ne pas « faire le jeu » de la réaction, du conservatisme, de l'extrême droite... courants indistinctement mêlés au sein d'une indignation qui tient lieu de pensée et de morale. Autant dire qu'il ne faut pas essayer de penser en toute liberté. L'intimidation par réduction à l'extrême droite de tout propos dissident fonctionne comme un chantage. Céder plus ou moins consciemment à ce chantage, c'est se condamner à ne pas affronter la réalité ou tenir des propos filandreux qui, tout en reconnaissant du bout des lèvres le malaise existant, en relativisent aussitôt l'ampleur et finissent par noyer le poisson. Il n'y a pire aveugle que celui qui ne veut pas affronter les réalités qui dérangent et remettent en question le confort de ses idéologies et de ses croyances, fussent-elles en morceaux et démenties par le réel, comme elles le sont aujourd'hui.

Ma position en tant que sociologue est d'un genre particulier. Elle ne consiste pas à se situer à distance des phénomènes étudiés et je n'entends pas non plus me placer en surplomb et embrasser du regard le déroulement global de l'histoire pour y déceler un sens caché. J'entends plus modestement partir de manifestations problématiques de notre présent pour essayer d'en saisir la signification de l'intérieur tout en en discutant le bien-fondé. Cette démarche implique une sorte d'immersion dans une « chair de l'histoire » qui forme un univers de significations dans lequel le sociologue est inséré et avec lequel il entre en dialogue et confrontation. Une telle conception de la sociologie est ouverte à l'anthropologie et à la philosophie dans l'interprétation des phénomènes sociaux[1].

Je ne prétends pas dresser un tableau d'ensemble des sociétés démocratiques, qui demeurent marquées du sceau de l'ambivalence, pas plus que celui de la France et de son histoire propre. J'entends avant tout aborder sans faux-fuyants les postures et les fractures qui ont contribué à morceler le pays et à saper son dynamisme. Il s'agit d'opérer un recul réflexif et critique sans concession, à rebours des laudateurs de la postmodernité qui ne cessent de constater les évolutions en leur donnant d'emblée une signification et une portée positives ou en les noyant dans un flot d'expertises, de commentaires qui découragent l'envie même d'y voir clair et de se forger son propre point de vue. Cette approche critique ne manquera pas d'apparaître pessimiste à beaucoup. Mais il s'agit d'affronter des réalités déstructurantes alors qu'on tend à les dénier ou à les esquiver au nom d'un optimisme de façade, ou plus simplement par peur d'être catalogué comme un ancien ou un nouveau « réactionnaire » par un petit milieu de plus en plus coupé des réalités.

Cette démarche critique ne repose pas sur l'idée que nous serions entrés dans une ère de décadence inéluctable contre laquelle on ne peut rien ou une « posthumanité ». Nous sommes dans une période critique de l'Histoire qui implique un exercice salutaire de lucidité qu'on ne saurait remettre à plus tard, si on veut sortir de ce malaise dans la démocratie qui dure depuis trop longtemps.

---

1. Maurice Merleau-Ponty, *Le philosophe et la sociologie*, in *Signes*, Gallimard, 1960.

I

Un individualisme de type nouveau

Une des fractures essentielles entre l'ancien et le nouveau monde réside dans le développement d'un individualisme qui rend problématique non seulement ce qu'on appelle d'une notion globalisante et floue le lien social, mais aussi l'insertion dans une culture commune, le sentiment d'appartenance à une collectivité historique, en d'autres termes au pays, à son histoire et à ses institutions.

Cette insertion et ce sentiment d'appartenance ne se confondent pas – contrairement aux critiques gauchistes qui leur sont portées – avec le fondamentalisme, l'unanimisme, le nationalisme xénophobe et chauvin. Ils constituent des conditions anthropologiques essentielles à la vie sociale et à la citoyenneté, un fond commun à partir duquel s'affirment le pluralisme, les différences et les contradictions de tous ordres qui s'expriment dans un cadre démocratique régi par l'État de droit. Faute de ces conditions et de ce fond commun, l'appartenance collective se dissout, verse dans l'anomie et des formes plus ou moins larvées de conflits ethniques et communautaires. C'est précisément à ce double danger que se trouvent confrontés la France et les pays démocratiques européens.

Le développement de l'individualisme ne date pas d'aujourd'hui ; il est inséparable de la dynamique de la modernité et de la démocratie qui rompt avec l'ordre ancien et les sociétés traditionnelles. Pour le dire schématiquement et souligner avant tout l'importance de l'idéal des Lumières dans ce mouvement : l'individu moderne est celui qui s'émancipe de ses préjugés et de ses croyances, de ses communautés d'appartenance, de la tutelle d'autrui… pour accéder à une autonomie de jugement par l'usage de la raison permettant le recul réflexif et critique. En ce sens, l'idée même d'individu est inséparable de l'idée de liberté et d'autonomie.

Les critiques réactionnaires et conservatrices n'ont pas manqué de souligner à leur manière les lacunes d'une telle conception dans sa prétention à ériger la raison et l'individu en références ultimes, son caractère d'universalisme abstrait qui fait fi de l'insertion de l'individu dans des communautés et des collectivités historiques particulières ayant leurs propres traditions et leurs héritages culturels… Mais cette conception de l'individu issue des Lumières n'en constitue pas moins un acquis et un idéal régulateur, tout au moins pour ceux qui considèrent que cet idéal n'est pas devenu obsolète et inopérant au vu des évolutions des sociétés modernes. La critique marxiste a quant à elle dénoncé l'illusion idéologique d'un individu abstrait au détriment des intérêts et des rapports de classe, se montrant incapable de saisir un mouvement historique intimement lié au développement de la démocratie moderne.

L'individualisme contemporain s'inscrit bien dans cette dynamique de la modernité démocratique, la question est de savoir ce qu'il reste aujourd'hui de cette dynamique et si nous avons affaire au même type d'individualisme. Autrement dit : peut-on considérer que cet individualisme a franchi dans la seconde moitié du XXe siècle une nouvelle étape de son développement, dans un processus de continuité et de discontinuité qui l'aurait fait basculer vers de nouveaux horizons problématiques ?

Les deux faces de l'individualisme démocratique

L'individualisme démocratique comporte une ambivalence qui lui est consubstantielle : d'un côté, il est inséparable de l'idée d'émancipation et de liberté ; de l'autre, il est amené à s'isoler de ses semblables, à se désinvestir des affaires publiques et a tendance à se croire désaffilié et totalement indépendant.

Tocqueville a mis en lumière cette ambivalence dans son étude sur la société américaine du XIXe siècle. Il faut prendre le temps de le citer pour mesurer à quel point son analyse anticipe les évolutions problématiques des démocraties modernes : « L'individualisme, écrit-il, est un sentiment réfléchi et paisible qui dispose chaque citoyen à s'isoler de la masse de ses semblables et à se retirer à l'écart avec sa famille et ses amis ; de telle sorte que, après s'être ainsi créé une petite société à son usage, il abandonne volontiers la grande société à elle-même. [...] Non seulement la démocratie fait oublier à chaque homme ses aïeux, mais elle lui cache ses descendants et le sépare de ses contemporains ; elle le ramène sans cesse vers lui seul et menace de le renfermer enfin tout entier dans la solitude de son propre cœur. [...] Chacun d'eux, retiré à l'écart, est comme étranger à la destinée de tous les autres : ses enfants et ses amis particuliers forment pour lui toute l'espèce humaine ; quant au demeurant de ses concitoyens, il est à côté d'eux, mais il ne les voit pas ; il les touche et ne les sent point ; il n'existe qu'en lui-même et pour lui seul, et, s'il lui reste encore une famille, on peut dire au moins qu'il n'a plus de patrie[1]. »

Cette situation de l'individualisme démocratique se combine avec un « despotisme nouveau » qui « aime que les citoyens se réjouissent, pourvu qu'ils ne songent qu'à se réjouir », il « pourvoit à leur sécurité, prévoit et assure leurs besoins, facilite leurs plaisirs, conduit leurs principales affaires, dirige leur industrie, règle leurs successions, divise leurs héritages ; que ne peut-il leur ôter entièrement le trouble de penser et la peine de vivre ? »[2]. L'individu peut ainsi accepter une « sorte de servitude, réglée, douce et paisible » aménagée par un pouvoir tutélaire qui envahit tous les aspects de la vie. Que ne pourrait-on dire aujourd'hui ?

On peut ajouter à ce tableau un autre aspect inhérent à la vie moderne qu'a souligné le sociologue Georg Simmel : la grande ville favorise un individualisme libéré des contraintes, des préjugés et des mesquineries des habitants des villages et des petites villes où dominent des rapports de proximité ; la vie urbaine confère au citadin un « caractère réservé avec dominante d'aversion cachée[3] » qui le met à distance de ses semblables

---

1. Alexis de Tocqueville, *De la démocratie en Amérique*, t. II., deuxième partie, chap. II, p. 143 et 145, et quatrième partie, chap. VI, p. 434, Gallimard, « Folio Histoire », 1999.

2. *Ibid.*, p. 434.

3. Georg Simmel, *Philosophie de la modernité,* Payot, 1989, p. 176.

et le protège de la promiscuité et de l'anonymat, ce qui fait que le citadin peut apparaître « froid et sans cœur » à l'habitant d'une petite ville. Cette réserve va de pair avec la délimitation stricte d'un espace privé dans lequel l'individu puisse se sentir autonome et libre.

Ces aspects de l'individualisme moderne qui tendent vers des formes de déliaison n'ont pas pour autant signifié la perte de toute insertion de l'individu dans des collectifs. Tocqueville a particulièrement souligné l'importance des associations aux États-Unis qui permettent précisément de contrer la tendance au repli sur le privé et à l'isolement. Ces associations permettent aux individus de résoudre collectivement les problèmes de leur vie quotidienne, en même temps qu'elles constituent des contre-pouvoirs vis-à-vis du despotisme de la majorité ; elles peuvent éduquer à la vie publique en encourageant leurs membres à s'intéresser plus globalement aux questions concernant l'ensemble de la cité et constituent des intermédiaires entre l'individu et l'État. Dans le même sens, la « presse d'opinion » peut être un « instrument démocratique de la liberté ». Par ailleurs, pour Tocqueville, la religion peut constituer un frein aux excès de l'individualisme dans sa prétention à l'autosuffisance. Enfin, comme cela a été depuis lors maintes fois souligné, aux États-Unis cet individualisme démocratique s'accompagne d'un fort sentiment patriotique.

Par-delà la situation propre aux États-Unis, la question de fond est de savoir si la tension constitutive de la démocratie, entre l'émancipation de l'individu qui l'amène à une forme d'autonomie et son insertion dans des collectifs, et plus précisément au sein de la collectivité historique qu'est la nation, avec ce qu'elle implique de dettes et devoirs, n'a pas opéré une sorte de basculement et rompu l'équilibre entre l'individualisme et l'appartenance collective qui avait jusqu'alors été maintenu tant bien que mal.

En France, le rôle central qu'a joué l'État dans la constitution de la nation française n'en impliquait pas moins l'insertion dans des collectivités particulières structurées autour du travail, des lieux d'habitation, des appartenances confessionnelles et idéologiques, des régions et des départements avec leurs traditions et leurs sociabilités propres. Les associations laïques et cléricales, les syndicats, les mouvements d'éducation populaires et de loisirs, les organismes d'entraide et de solidarité... ont constitué autant de collectifs qui permettaient à l'individu de se lier avec ses semblables autour de projets communs, de se former et de s'intéresser aux affaires publiques.

Le modèle républicain a su faire coexister l'idéal de l'individu-citoyen, libre et éclairé, à prétention universelle, et l'attachement à la nation française ayant tout à la fois une histoire propre et une vocation particulière vis-à-vis des autres peuples du monde. Les clubs et les associations implantés dans les villages ont joué un rôle important dans la diffusion des idées républicaines en s'appuyant sur cette sociabilité villageoise[1]. La « petite patrie » liée au lieu de naissance et d'habitation s'insérait dans la grande par l'enseignement reçu à l'école et, pour les garçons, par le service militaire obligatoire, institutions qui permettaient la rencontre entre les différentes catégories sociales. L'enseignement d'une histoire commune et des épreuves partagées a permis le développement du sentiment d'appartenance à un même pays. Cette histoire pouvait donner lieu à différentes

1. Maurice AGULHON, *La République au village,* Plon, 1970.

interprétations, être sujette à caution et à polémique, elle n'en constituait pas moins une référence commune vers laquelle on pouvait se tourner comme un patrimoine commun toujours soumis à disputes, et c'est à travers ces disputes que se faisait le lien. Qu'en est-il advenu ?

Les années de basculement

Christopher Lasch, dans son livre *La Culture du narcissisme*[1], publié aux États-Unis en 1979, relève nombre de traits de la société américaine que l'on retrouve dans des sociétés européennes : dépréciation du passé et incapacité de faire face à l'avenir, déclin du sens historique, « invasion de la société par le moi », souci de l'image de soi et de l'épanouissement personnel, recherche effrénée de la santé, « illusion momentanée d'un bien-être personnel »...

L'Ère du vide[2], de Gilles Lipovetsky, décrit en 1983 une mentalité individualiste semblable marquée par la désaffection pour les questions politiques, le culte narcissique de l'ego, le règne de l'image et de la séduction... Au tournant des années 1970-1980, tout un courant intellectuel considère le développement du souci de soi, du bien-être individuel, des sports et des loisirs individuels... comme le progrès indéniable d'une démocratie pacifiée, débarrassée de toute idéologie. En 1988, une publicité d'Ikea avait ironiquement salué la nouvelle situation en ces termes : « En 68, on refaisait le monde, en 88, on refait sa cuisine. »

---

1. Christopher Lasch, *La Culture du narcissisme*, première édition Robert Laffont, 1981.
2. Gilles Lipovetsky, *L'Ère du vide*, Gallimard, Paris, 1983.

Ces aspects sont manifestes dans ce qu'on pourrait appeler l'« individualisme bobo », particulièrement présent au sein des grandes métropoles et dans les milieux du journalisme, du showbiz, de la communication, du management et de la pédagogie modernistes. La notion de « bobo », pour polémique qu'elle soit, n'en désigne pas moins un phénomène social bien réel qui s'est développé dans les années 1980 aux États-Unis et dans les sociétés démocratiques européennes. Dans son livre *Bobos in Paradise*[1], le journaliste américain David Brooks décrit avec finesse le style de vie de ces nouvelles « élites socioculturelles », constitué d'une alliance paradoxale du « bohème » et du « bourgeois », du « rebelle » et de l'« arriviste ». Cette mentalité et ce comportement hybrides sont propres aux nouvelles couches moyennes ayant suivi des études supérieures qui ont participé à la contre-culture des années 1960 et ont fini par se reconvertir au culte de la réussite des années 1980 : « Quand vous vous retrouvez au milieu de cette classe haut de gamme et cultivée, vous ne pouvez pas savoir si vous vivez dans un monde de hippies ou d'actionnaires. En réalité, vous êtes entrés dans un monde hybride où chacun est un peu les deux à la fois[2]. » Arrivés au pouvoir, les « bobos » ont formé un « nouvel *establishment* » qui a érigé son mode de vie et de consommation en nouvel idéal social, exerçant son influence par le biais des médias, de la publicité, du design... secteurs où ces bourgeois bohèmes ont déployé leurs talents.

---

1. David Brooks, *Bobos in Paradise*, 2000 ; *Les Bobos*, traduit de l'anglais (États-Unis) par Marianne Thirioux et Agathe Nabet, Florent Massot, 2000 ; *Les Bobos*, Le Livre de Poche, 2002.

2. David Brooks, *Les Bobos, op. cit.*, p. 47.

Cet « individualisme bobo » ne sévit donc pas dans l'ensemble de la population, mais il a joué et joue encore aujourd'hui un rôle important dans la diffusion et la reproduction de son modèle dans l'ensemble de la société et l'éducation des nouvelles générations. En ce sens, ce nouvel individualisme n'est pas réductible à un camp politique, même si la gauche, convertie au gauchisme culturel, en a été l'un des principaux vecteurs. Et il y aurait quelques illusions à penser qu'il suffit de le dénoncer pour ne pas « en être » et s'en débarrasser. On ne mesure pas forcément à quel point il imprègne les comportements, y compris de ceux qui s'en indignent et poussent des cris d'orfraie. Il m'apparaît par contre qu'en un demi-siècle il a été poussé à l'extrême et qu'il est peut-être arrivé à un point limite. En tout cas, il suscite l'exacerbation et de fortes oppositions au sein même de la société qui vont bien au-delà des différences de classes et des clivages partisans.

Analysant la « montée de l'insignifiance », Cornelius Castoriadis parle de « crise du processus identificatoire », décrit la nouvelle individualité comme un « patchwork de collages »[1]. Marcel Gauchet, pour sa part, écrit : « Il [l'individu contemporain] n'est pas organisé au plus profond de son être par la précédence du social et par l'englobement au sein d'une collectivité, avec ce qu'elle a voulu dire, millénairement durant, de sentiment de l'obligation et de sens de la dette[2]. »

Cet individualisme de type nouveau a franchi un seuil correspondant à une étape critique du développement

---

1. Cornelius CASTORIADIS, *La Montée de l'insignifiance. Les carrefours du labyrinthe IV*, Seuil, 1996, p. 134.

2. Marcel GAUCHET, « Essai de psychologie contemporaine. I. Un nouvel âge de la personnalité », *Le Débat*, n° 99, mars-avril 1998.

des sociétés démocratiques qui nous éloigne de la situation décrite par Tocqueville. Sans prétendre dresser un tableau complet de l'individualisme contemporain, il est possible de dresser une sorte d'idéal-type de ses versants les plus problématiques, qui sont une des sources du malaise existant.

Relativisme culturel et identité patchwork

Le relativisme culturel est l'un des principaux traits du nouvel individualisme qui dédaigne la culture et l'histoire propres à son pays et à la civilisation européenne au profit d'une ouverture et d'une connaissance, le plus souvent superficielles, des autres pays et civilisations. L'exotisme, qui ne date pas d'aujourd'hui, n'est pas seul en cause dans cette approche bienveillante et naïve des autres cultures et civilisations. Celle-ci ne relève pas seulement d'un désir de connaissance et de dialogue à l'heure de la mondialisation ; elle n'est pas seulement due au développement des moyens d'information et de communication qui relient les différents peuples du monde comme ils ne l'ont jamais été auparavant, ou au tourisme planétaire qui concerne certaines catégories de la population. La relation que l'individu des sociétés démocratiques européennes entretient avec les autres cultures et les autres peuples du monde se trouve d'emblée marqué par une dissymétrie qui confère à ces derniers un statut privilégié : ils sont perçus comme porteurs d'un dynamisme de vie et d'une « authenticité » dans le rapport à la nature, aux autres, à la spiritualité… qui semblent faire défaut à la civilisation européenne.

Les sociétés démocratiques ont ainsi opéré un grand retournement dans l'appréciation des autres peuples qu'ils ont longtemps dominés : antérieurement considérés comme « inférieurs », « sauvages » ou « barbares », ils se voient désormais parés de nombreuses vertus – l'écologie avant l'heure n'étant pas la moindre d'entre elles – dont on déplore l'absence dans les sociétés modernes, et ils sont même censés avoir un certain pouvoir de régénération. Les publications, les reportages et les émissions consacrés à ces thèmes dans les médias, sans parler de l'école, se sont multipliés.

La remise en question salutaire de l'ethnocentrisme a ainsi versé dans une appréciation négative de notre propre culture et une idéalisation de l'autre. Cette attitude n'est pas exempte d'un sentiment de culpabilité plus ou moins conscient, lié au passé colonial et plus largement aux « pages sombres de notre histoire », qui amène l'individu à considérer que son pays et l'Europe sont responsables de tous les maux. Les immigrés issus des pays anciennement colonisés et leurs descendants sont alors perçus avant tout comme des victimes de nos actions passées ou présentes, quand bien même ces pays ont acquis leur indépendance depuis plus d'un demi-siècle et que des partis et des élites corrompus y occupent le pouvoir. Les immigrés de ces pays et leurs descendants peuvent du reste intérioriser cette figure de la victime qu'on leur tend et s'y enfermer par une logique de ressentiment et de droits réparateurs infinis, d'autant plus s'ils sont touchés par le chômage et les discriminations.

L'idéalisation de l'autre s'effectue dans une logique de règlement de comptes avec la culture de son pays et la civilisation européenne. L'illusion consiste alors à penser que cette attention bienveillante et ce sentiment de culpabilité sont naturellement partagés. Sous des allures d'ouverture et de dialogue, la relation de compréhension réciproque s'en trouve profondément pervertie. En ce sens, ce nouvel individualisme véhicule une mésestime, voire une haine de soi qui est l'un des facteurs de l'érosion de la dynamique démocratique en France et dans nombre de pays européens. Si les guerres, le terrorisme et l'islamisme radical ont bousculé l'angélisme, ils n'ont pas pour autant fait disparaître cette mésestime de soi sur fond d'inculture et de désaffiliation historique.

Le second trait caractéristique de l'individualisme, lié au précédent, consiste précisément en un bricolage identitaire qui emprunte à différentes cultures, courants de pensée, doctrines ou religions des bouts de valeurs, d'idées, de représentations extraits de leur cadre global dans lequel ils trouvaient leur signification, pour les recomposer en un patchwork assorti à chacun selon ses centres d'intérêt, sa sensibilité, voire ses états d'âme du moment. Ce bricolage identitaire est comme tel instable et changeant. Il donne à l'individu une allure décontractée d'ouverture et de tolérance dans le domaine de la pensée et des mœurs qui est devenue un signe distinctif de la bienséance démocratique.

Le débat et la confrontation intellectuelle en sont profondément altérés. S'y substitue une communication informe où le flux des paroles passe rapidement d'une idée à une autre sans souci de distinction et d'ordonnancement. Toutes les options paraissent ouvertes (« Après tout, pourquoi pas ? ») et ne s'ordonnent qu'autour d'un « ressenti individuel » qui, comme tel, échappe à tout argument. L'examen critique et le constat d'un désaccord ont peu de prise sur une telle identité bricolée et fluide. Langage individuel, langage médiatique et

« communicationnel » se font écho. La confusion intellectuelle et le principe d'incohérence peuvent être désormais revendiqués comme des signes d'ouverture et de tolérance, lesquels sont imperméables à tout argument. Cette façon de déraisonner et de discuter est un des points manifestes de la fracture entre les générations, les anciennes ayant tendance à projeter sur les nouvelles leur propre structure mentale. L'expression déconcertante : « Mais où il est, le problème ? » face à un interlocuteur encore soucieux de cohérence et de clarté exprime on ne peut mieux ce nouveau fossé des générations.

Sentimentalisme et moralisme

Cette incohérence et cette confusion sont liées à un autre trait du nouvel individualisme : la primauté accordée à l'émotion et aux sentiments, considérés comme la marque d'une « authenticité » première et singulière qui s'érige en critère de vérité face à un monde des idées trompeur et impersonnel. Dans le débat public, l'expression émotionnelle a valeur d'autorité contre le travail intellectuel et les convictions sensées. Soupçonnés d'être une pure rationalisation et le masque d'une infrastructure sentimentale qui les détermine, ils sont déconsidérés au profit d'un « ressenti individuel » qui balaie tous les arguments. Les contradictions et les conflits, la confrontation des idées et des convictions sont réduits à des « histoires de personnes », à des « affinités » ou à des « animosités » où s'entremêlent désir de pouvoir, bons et mauvais sentiments. L'hégémonie sentimentale rabat tout sur le même plan et fait sauter les barrières entre vie privée et vie publique ; les affects débordent la sphère du privé, voire de l'intime, pour s'exhiber dans les médias, sur Internet et les réseaux sociaux.

Cette expression débridée du vécu et du ressenti rompt avec une éducation ancienne pour qui la méfiance vis-à-vis de la part sauvage que l'homme porte en lui, la pudeur et la retenue, l'usage de la raison étaient considérés comme les principes régulateurs d'une morale indispensable au bien-vivre en société. À l'inverse, l'étalement public de la subjectivité fait peu de cas de la médiation du langage, de sa maîtrise et de l'usage de la raison. Elle s'affirme au plus près des affects et des pulsions en cherchant à attirer l'attention. Poussée jusqu'au bout, cette expression débridée aboutit à des comportements hystériques avec alternance de cris, d'agitation et de larmes dans des « moments forts » marqués par les succès ou les échecs personnels, les fêtes ou les drames. Les grands médias les mettent en scène et font de l'expression et du partage des émotions un modèle social de comportement. Émotions et sentiments deviennent ainsi des signes de reconnaissance et d'équivalence des individus qui les intègrent dans une même « foule sentimentale » et médiatique où ils sont amenés à communier dans l'émotion festive ou funèbre.

Ce type d'expression est devenu un mode de rassemblement socialement et politiquement répandu qui alterne avec le repli individuel et les relations dans la sphère du privé. En dehors de ces moments de type fusionnel, festifs ou compassionnels, l'individu sentimental privilégie les relations de proximité avec des individus ayant les mêmes affinités et le même type de comportement. Le partage des émotions et des sentiments est érigé en valeur première face au monde des rapports sociaux et des rapports institutionnels considérés comme « impersonnels », et comme tels dévalorisés ; l'« authenticité » et l'égalité dans la transparence des sentiments deviennent des critères de la vie en société et de la citoyenneté.

Le modèle plus large du « réseau » a, quant à lui, l'avantage de permettre à l'individu de rester libre du choix de ses relations, sauf « plus si affinités » avec possibilité de liaison amoureuse, ne serait-ce que l'espace d'un moment. Si le réseau relie chacun à tous les autres, il fait du « nous » une figure évanescente, composée d'individus mus par le même désir d'entrer dans des relations horizontales et égalitaires où chacun peut faire valoir sa distinction, relations qui peuvent changer ou se dissoudre à tout moment. Tout collectif qui sort du champ privé, relationnel et fusionnel peut alors être perçu comme un organisme suscitant la méfiance, dans la mesure où il représente une dépossession potentielle de soi et de son bon plaisir, à moins qu'il ne corresponde et ne réponde aux besoins et aux intérêts de chacun, favorisant son épanouissement et son développement personnel.

Malgré les apparences, cet individualisme émotionnel et sentimental n'est pas si tolérant : il ne l'est que pour autant que l'autre lui ressemble ou le laisse vivre comme il l'entend. Persuadé que son comportement et son mode de relation aux autres incarnent le bien-vivre en société, il ne comprend pas et s'étonne que d'autres puissent penser et vivre autrement. Aussi a-t-il tendance à rejeter comme naturellement réactionnaire, arriéré et « ringard » tout ce qui vient contredire ses valeurs et son mode de vie particuliers. S'il se montre ouvert et tolérant envers les autres peuples et les autres cultures du monde, dont il se fait volontiers le promoteur et le défenseur attitré, il n'hésite pas, en revanche, à donner des leçons de morale et à dénoncer ses compatriotes qui n'en font pas autant.

Le nouvel individualiste est en fait un « faux gentil » qui ne supporte ni la contradiction ni le conflit, non plus que le tragique inhérent à la condition humaine et à l'histoire. Il s'est construit un monde à part où il vit, se protège de l'épreuve du réel et se conforte avec ses alter ego. Il se veut à l'abri des désordres du monde et ne veut pas avoir d'ennemi, et quand le fanatisme islamiste vient frapper à sa porte, le désigne sans lui demander son avis, il ne comprend pas ce qui lui arrive et se demande pourquoi tant de haine et de meurtres alors qu'il est si ouvert et si gentil.

En fin de compte, cet individualiste considère tout bonnement le monde et la société comme le prolongement de lui-même, de ses sentiments et de ses relations affectives. Les rapports sociaux et politiques ne sont plus insérés et structurés dans une dimension tout à la fois collective, historique et institutionnelle, mais réduits à des relations interindividuelles mues par de bons ou de mauvais sentiments (l'amour contre la haine), qu'il confond avec la morale ; il croit qu'il est possible d'éradiquer le Mal au profit du Bien qu'il incarne et d'une fraternité universelle d'individus semblables à lui-même.

Méfiance et victimisation

Centré sur lui-même et ses relations personnelles, l'individu contemporain accepte difficilement les renoncements et le décentrement de soi qu'exige la vie collective. Un autre de ses traits problématiques est précisément la méfiance exacerbée qu'il éprouve à l'égard de l'autorité, du pouvoir et de l'institution. Celui qui incarne un principe d'autorité ou occupe une position de pouvoir peut être d'emblée suspect d'une volonté de mainmise, de manipulation et de domination. La légitimité est supposée partir nécessairement d'« en bas » et tout ce qui vient d'en haut est suspect d'oppression, de dépossession de la souveraineté individuelle. À la limite, tout pouvoir ne paraît légitime que s'il émane expressément du consentement et du bon vouloir de l'individu et s'il répond au mieux et au plus vite à ses propres besoins. Les institutions n'échappent pas à ce positionnement : elles sont considérées comme des prestataires de services et de droits individuels. Ce que Paul Thibaud appelle une « idéologie sociale-individualiste (la société comme service rendu aux individus)[1] » s'applique également à l'État.

L'individu vit dans une temporalité courte qui ne s'inscrit plus dans une dimension historique impliquant, peu ou prou, dévouements et sacrifices, mais qui valorise au contraire le changeant et l'éphémère, le culte de la spontanéité et de la réponse immédiate. L'idée de compromis, de détour et de temps nécessaire pour atteindre un but est ressentie comme une contrainte difficilement supportable. Plus fondamentalement, les notions d'œuvres et d'institutions sont mises à mal, dans la mesure où elles s'inscrivent dans la durée historique. Le bonheur devient synonyme d'épanouissement individuel, passant par la satisfaction immédiate des besoins et des désirs, appelant un perpétuel renouvellement.

La non-obtention de cette satisfaction ou sa remise à plus tard peuvent alors être considérées par l'individu comme relevant nécessairement d'une injustice, d'une

---

1. Paul Thibaud, « Triomphe et impotence du social-individualisme », *Le Débat*, n° 173, janvier-février 2013.

discrimination ou d'une antipathie à son endroit. La relation à l'autre et à toute forme de pouvoir est ainsi marquée par une redoutable ambivalence : l'individu leur demande de répondre au plus vite à ses besoins tout en les soupçonnant d'être des agents de domination à son égard. Une telle ambivalence rend difficile toute prise de responsabilité et sape d'emblée les rapports de confiance nécessaires à toute activité en commun au profit de la suspicion et de la victimisation. Au sein de la société, nombreuses sont les victimes qui n'en reviennent pas de s'être laissé abuser par des menteurs ou des « pervers » et qui ne manquent pas d'étaler leur subjectivité souffrante dans les médias, sur la Toile et les réseaux sociaux, à tel point qu'il devient de plus en plus difficile de démêler le vrai du faux.

Le phénomène du « harcèlement moral » dans les rapports de travail et plus largement est particulièrement révélateur de cette dissolution de l'appartenance collective et de cette désinstitutionnalisation. Il s'inscrit dans une relation duelle schématique qui met aux prises deux individus désarticulés de toute appartenance collective et de toute dimension institutionnelle, une « victime » innocente et un « salaud » qui laisse libre cours à ses pulsions perverses. À l'appartenance en termes de classe, de profession ou de collectif de travail se substitue l'individu comme référence première ; la souffrance individuelle remplace l'exploitation et l'aliénation des travailleurs ; la psychologie et la morale prédominent sur l'analyse des conditions sociales ; la défense de la victime prend le relais des luttes collectives dans une optique qui allie la psychologie, la morale et la loi[1].

1. Cf. « Que veut dire le harcèlement moral ? I. Genèse d'un syndrome », *Le Débat,* n° 123, janvier-février 2003, « Que veut dire le

Cette référence à la loi semble s'inscrire dans une conception traditionnelle de la justice alors qu'elle la subvertit de l'intérieur en déplaçant le centre de gravité vers l'individu souffrant et en faisant du tiers neutre un simple instrument à son service. Le droit n'est plus considéré comme une référence symbolisant la prééminence d'un ordre commun sur les désirs individuels, mais comme l'instrument permettant de se faire reconnaître comme victime et d'exiger réparation. Psychologisation et instrumentalisation de la loi vont de pair, thérapeutes et conseillers juridiques accompagnant ce processus. Loin de réaffirmer la prééminence d'un ordre collectif dont la transgression est sanctionnée par la loi, la notion de « harcèlement moral » psychologise et instrumentalise la justice.

Les institutions elles-mêmes sont prises dans cette ambivalence qui allie suspicion et instrumentalisation. Un individu qui se méfie du pouvoir et tient à rester maître de sa vie personnelle peut rencontrer quelques difficultés à occuper une fonction de représentation et d'incarnation d'une instance qui le transcende et implique l'oubli de soi. La séparation entre vie privée et vie publique, la part de dévouement et de sacrifices qu'implique la fonction ne vont nullement de soi pour un individu crispé sur son désir d'« épanouissement personnel », qui considère que la vie privée et les sentiments constituent le fondement de la vie en société. À moins qu'il ne rabaisse l'institution à une simple activité professionnelle ou qu'il ne l'intègre dans son projet ambitieux de carrière et de reconnaissance correspondant à l'image

harcèlement moral ? II. Vers un nouvel imaginaire des rapports sociaux », *Le Débat,* n° 124, mars-avril 2003, repris dans *La France morcelée,* Gallimard, « Folio actuel », 2008.

qu'il se donne de lui-même. L'individu peut alors opérer un grand retournement dans son rapport au pouvoir, passant de la méfiance externe à la lutte pour les places et à une occupation cynique et autoritaire du pouvoir. Dans les deux cas, c'est toujours la satisfaction individuelle qui compte dans un souci crispé de soi. Celui-ci passe par un « développement personnel » qui mobilise volonté et attention.

Performance et harmonie : une construction paradoxale de soi

Le rapport que l'individu entretient avec lui-même est marqué par une construction de soi censée ne devoir rien à personne et se déploie sous le double registre paradoxal de la recherche de la « performance sans faille » et de la réconciliation harmonieuse avec le monde, les autres et soi. D'un côté, l'individu se doit d'être performant dans tous les domaines et de plus en plus tôt dans son parcours de vie ; de l'autre, il est à la recherche d'une image apaisée et pacifiée de lui-même et du monde qui lui procure sagesse et repos.

La thématique du « développement personnel », avec ses multiples outils managériaux et thérapeutiques, recouvre ces deux objectifs. Il s'agit tout à la fois d'être performant et de « composer avec ses émotions », de « réprimer ses humeurs sombres », de développer une « attitude positive » dans le rapport avec soi-même, les autres et son environnement. En l'affaire, tout est question de « motivation » et de maîtrise de soi pour gérer sa propre vie, en visant le double objectif de l'harmonie individuelle et de la réussite.

La recherche d'une « performance sans faille » – qui, comme telle, ne connaîtrait ni faiblesse, ni échec, ni déconvenue – peut entraîner l'individu dans une course folle qui lui fait perdre de vue les limites du possible et l'estime de soi ; elle divise le monde entre « gagnants » et « perdants », incite à juger l'autre soit comme un « raté », un « bras cassé » digne de mépris, soit comme la figure du « battant » et du concurrent qu'on jalouse et dont la réussite favorise l'envie et le ressentiment. Dans cette concurrence exacerbée entre les individus, le chômage pèse de tout son poids, mais il ne suffit pas à expliquer le phénomène ; c'est l'image que l'individu se donne de lui-même qui est en question, image entretenue et développée par tout un courant managérial moderniste qui a érigé la figure du perpétuel gagnant en nouveau héros de la modernité.

Un tel modèle intériorisé de la performance engendre un stress permanent et la sourde crainte de ne jamais pouvoir « être à la hauteur ». Il génère activisme et agitation, l'individu devant tout faire pour se prouver à lui-même et aux autres qu'il est capable de correspondre à ce modèle. Poussée jusqu'au bout, cette logique l'entraîne dans une course harassante, sans cesse reprise, marquée par l'alternance de phases d'excitation et de dépression. L'individu se place dans une situation où tout semble reposer sur ses propres épaules, où sa personnalité tout entière est directement mise en jeu, sans recours à une instance ou à un collectif qui pourrait lui permettre de prendre une distance salutaire par rapport à lui-même. Sont créées de la sorte des conditions favorables au désarroi et aux déséquilibres psychiques.

L'« épanouissement personnel » est comme l'image inversée de celle de la toute-puissance de soi et des relations dégradées qu'elle génère. Il suppose de se mettre « hors compétition » et d'oublier les préoccupations ordinaires, d'arrêter la course du temps pour « se vider la tête » et apaiser les tensions. Le souci de soi prend alors une autre forme que celle du « battant » crispé sur ses performances et perpétuellement stressé. L'individu s'accorde un soin particulier en se plaçant hors du monde, de la société et de l'écoulement du temps, dans un espace mental vidé de tout projet autre que celui de son bien-être dans le présent. Il s'agit de parvenir à un rapport harmonieux avec soi-même (« être bien dans son corps et dans sa tête »), avec les autres (« maîtriser ses émotions et les conflits ») et avec la nature (« vivre en harmonie avec elle »). C'est précisément sur cette aspiration que se greffent les nouvelles formes de spiritualité diffuse dont je parlerai plus loin.

Dans cette recherche d'apaisement et d'harmonie, l'autre peut être considéré comme un semblable s'il partage ces moments hors du temps, déconnectés des soucis de la performance, quelqu'un avec qui on prend du plaisir ensemble en goûtant l'instant présent. Le modèle de l'épanouissement personnel et relationnel rompt avec celui de la concurrence et des luttes pour les places, mais il ne dure pas très longtemps. Comme le modèle de la performance, il est soumis à un perpétuel renouvellement.

L'individu contemporain oscille constamment entre ces deux pôles. Il peut préférer et faire prévaloir l'un ou l'autre selon son « choix de vie », les différentes étapes de son existence (l'activité professionnelle, les congés ou la retraite), mais les deux coexistent le plus souvent, entraînant l'individu dans des situations existentielles cloisonnées et paradoxales qu'il gère au gré des circonstances et selon les moments.

Désengagement et consumérisme

Ce nouvel individualisme a produit des effets de distanciation et de désengagement vis-à-vis des collectifs militants. Le bénévolat y existe toujours, mais le nouvel individualisme entretient un rapport plus utilitaire, directement centré sur des intérêts, des goûts et des affinités strictement personnels. Je n'entends pas dresser ici une typologie des différents types d'engagement, mais souligner les changements qui, au sein des associations, me paraissent symptomatiques de ce nouvel individualisme.

Antérieurement, l'engagement se référait souvent à des convictions ancrées dans différents courants de pensée, laïques ou religieux, à des idéologies ou à des courants politiques, tous issus d'une longue histoire qui avait marqué plusieurs générations ; il supposait un minimum de dévouements et de sacrifices concernant sa vie privée, ses goûts personnels et ses loisirs. Malgré cela, le militantisme pouvait être considéré comme un « épanouissement personnel » qui n'avait pas grand-chose à voir avec l'idée que l'on s'en fait aujourd'hui. En 1971, Eugène Descamps, l'un des fondateurs de la CFDT, s'interrogeait sur sa vie militante : « Combien de fois un syndicaliste trouvera-t-il le temps pour aller au théâtre ? Au cinéma ? Combien de jours de vacances prend-il chaque année ? Quel sport pratique-t-il ? Dans mon cas, j'aime la peinture, j'aime la musique. Il m'a fallu renoncer à beaucoup de ces joies… Il doit y avoir des pans entiers de moi-même que je n'ai pas pu vraiment développer[1]. » Mais c'était pour ajouter aussitôt : « Lorsque l'on fait le

1. Eugène Descamps, interrogé par Alain Duhamel, *Militer – une vie pour un engagement collectif*, Fayard, 1971, p. 130.

bilan, l'actif, entendu au sens d'un épanouissement de qualités morales et intellectuelles, l'emporte sur le passif, malgré les insuffisances de développement en quelques domaines[1]. »

Si ce type de militantisme traditionnel n'a pas totalement disparu, il est « vieillissant », pratiqué par des anciens, bénévoles ou militants, qui ont quelques difficultés à trouver des successeurs au sein des nouvelles générations. Le nouveau tissu associatif est beaucoup plus éclaté, construit sur les motivations et les modes d'action les plus divers, qui rassemblent les individus par intermittence autour d'un objectif délimité sans inscription dans la durée. L'engagement s'apparente aujourd'hui à une action ponctuelle et constitue en même temps une expérience formatrice dans un parcours de vie ouvert à des expériences variées où l'individu peut s'engager et se retirer comme il l'entend, en fonction de ses intérêts et de ses préoccupations du moment. Une responsable d'une association de bénévoles décrit cette nouvelle mentalité en ces termes : « Ils voient leur mission comme une sorte de bénévolat de loisir, qu'ils n'accomplissent que lorsqu'ils sont libres[2]. » Dans bien des cas, l'association reçoit des subventions des pouvoirs publics et le professionnel succède au bénévole, ce qui permet de faire vivre et de maintenir la continuité malgré le turnover des adhérents.

Les associations caritatives et humanitaires semblent bien répondre à ce nouveau type d'engagement : elles permettent à l'individu de « voir le bout de ses actes » en

1. *Ibid.*

2. Citée par Claude Dany, « Associations cherchent bénévoles désespérément », *La Provence,* 28 octobre 2005.

« soulageant la souffrance » et en aidant les plus démunis, en même temps qu'elles se sont largement institutionnalisées et médiatisées en disposant d'un courant de sympathie dans l'opinion. Des campagnes étatiques et médiatiques ont lieu chaque année qui mêlent l'appel aux dons par des journalistes et des personnalités du showbiz avec des spectacles festifs et sportifs en tout genre. Ces campagnes répétées impliquent pour le plus grand nombre un type d'engagement distancié qui permet à chacun de rester chez soi en regardant la télévision et en versant son obole. Dans ce spectacle caritatif, des individus peuvent chercher à se distinguer par un type d'action spectaculaire fait de paris sportifs extravagants, voire de photos d'individus dans le plus simple appareil, pratiques qui cherchent à attirer sur soi le regard des médias, d'Internet et des « réseaux sociaux », tout en promouvant la « bonne cause ». Cette nouvelle combinaison de l'individualisme, de l'action caritative et des médias rompt avec le militantisme et le bénévolat traditionnels, qui, peu ou prou, impliquaient un oubli de soi et une autonomie envers les pouvoirs publics et les médias.

Le renouvellement du tissu associatif s'est également traduit par la multiplication d'associations de services dans le domaine socioéducatif, des loisirs, du bien-être et de la culture qui entendent répondre aux besoins et aux aspirations des individus dans une logique marchande, laquelle combine parfois prestations tarifaires et subventions des collectivités territoriales. Cette activité permet à des animateurs et des professionnels de gagner leur vie, et le rapport que l'individu entretient avec ces associations s'apparente à celui d'un consommateur et d'un client-roi. Le témoignage d'une conseillère municipale que j'ai interrogée lors de mon étude sur la fin du village est particulièrement révélateur sur ce point : « Les associations dites culturelles qui marchent bien, ce sont celles où l'on amène les petits à la danse et on paie, on amène les petits au cours de théâtre et on paie, au cours de cirque et on paie… Ce qui marche bien, ce sont les associations de consommation où l'on met l'enfant le mercredi pour une activité. Le prof se paie et peut vivre, ce n'est plus du bénévolat. Les bénévoles qui tiennent les associations en ont marre, ils baissent les bras, et les jeunes couches qui arrivent ne sont pas si bénévoles que ça, elles consomment. On veut bien participer, mais on ne veut pas aider, alors qu'ici les associations tiennent le coup avec les anciens. Les jeunes qui ont la trentaine quand ils arrivent ici demandent : "Quelles sont les activités, les associations qui font quelque chose pour nous et pour nos enfants ?" Il n'y en a pas un qui dira : "On s'y met pour vous aider[1]". »

Les associations de parents d'élèves ont gardé un caractère militant dans une optique bien particulière : ils accordent une grande attention à l'épanouissement et à la réussite scolaire de leur progéniture, combinant l'idée de l'enfant autonome et créateur avec le « droit à la réussite ». En outre, ces associations ne connaissent pas trop de difficultés pour renouveler leurs membres et s'inscrire dans la durée, du fait même de la succession des générations de parents, de la place centrale accordée aux enfants et à leur éducation dans les sociétés modernes.

Le souci de son bien-être et de son épanouissement personnel et de ceux de ses enfants, les affinités personnelles et le « plaisir partagé », pour légitimes et

---

1. Jean-Pierre Le Goff, *La Fin du village. Une histoire française*, Gallimard, 2012, p. 251.

importants qu'ils soient dans la vie de chacun, n'ont pas grand-chose à voir avec le rôle que Tocqueville conférait aux associations pour contrer les méfaits de l'individualisme démocratique. Les préoccupations et les aspirations du nouvel individualisme auraient plutôt tendance à les renforcer. On est loin de la défense des intérêts collectifs d'un groupe, de la promotion d'une cause particulière ou du souci plus global des affaires de la cité.

Nouvel individualisme et médias

Il en va de même pour la « presse d'opinion ». Pour Tocqueville, elle pouvait être un « instrument démocratique de la liberté ». Cette presse d'opinion s'est transformée sous l'effet de ce nouvel individualisme et de l'importance prise par les médias et les nouvelles technologies de l'information et de la communication (NTIC). Ceux-ci permettent à l'individu de disposer d'une masse d'informations comme il n'en avait jamais eu et dont certaines correspondent à ses aspirations et à ses préoccupations ; elles lui permettent d'entrer en relation et d'« échanger » directement avec les autres sur un réseau qui s'étend à l'échelle planétaire... Mais ces progrès ont un autre versant qui peut tout autant aliéner son autonomie et sa liberté, en lui laissant croire qu'il demeure maître de lui-même, de ses choix et de son jugement.

Les NTIC fournissent à l'individu une surabondance d'informations mises sur le même plan qui saturent les capacités d'assimilation, de tri et de hiérarchisation et découragent l'envie même de prendre le temps nécessaire pour tenter d'y voir clair. Avec le développement des grands médias audiovisuels en liaison avec Internet et les réseaux sociaux, les individus sont constamment invités à réagir au plus vite et à donner leur avis sur tout et n'importe quoi. Cette « démocratie participative » d'un nouveau genre zappe facilement d'un sujet à l'autre, produit un flux continu de paroles, de petites phrases et de pseudo-débats où l'individu désigné par son prénom s'en tient à une réaction première en cherchant à se faire valoir avant de sombrer dans l'anonymat des circuits de la communication. La grande machinerie de l'information en continu s'alimente aux faits divers, à l'émotion, elle joue sur les images, les formules chocs, les commentaires, les débats à n'en plus finir dans un processus de zapping permanent qui entraîne l'individu dans un tourbillon sans fond. Ces « essoreuses à idées » n'ont plus grand-chose à voir avec la « presse d'opinion » dont parlait Tocqueville. Elles en paraissent même l'exact opposé.

Les journaux qui entendent éclairer l'opinion n'ont pas pour autant disparu, mais ils ont dû faire face à un nouveau type de presse et de journalisme venu concurrencer cette ancienne « presse d'opinion » sur un double créneau correspondant aux aspirations et aux valeurs du nouvel individualisme. De nouvelles publications valorisent le modèle de la performance sans faille, du gagnant, de la célébrité en même temps qu'elles accordent une attention particulière aux soins du corps et de l'esprit dans un souci d'épanouissement et de bien-être. Ce type de presse ne date pas d'aujourd'hui ; elle accompagne le développement des sociétés modernes, mais elle est en expansion, mélange désormais allègrement les genres, abordant tous les sujets, et les thèmes sur lesquels elle prospère sont de plus en plus présents dans une presse d'opinion mal en point. Désormais, il existe un journalisme consacré à la psychologie avec ses multiples conseils et « boîtes à outils » pour rester maître de soi, calme et serein. Cette presse dispose de conseillers, de thérapeutes en tout genre, des gourous qui rencontrent un succès certain dans l'édition et les grands médias, où ils prodiguent à des individus préoccupés d'eux-mêmes des conseils pour aller mieux.

L'audiovisuel s'est lui-même, comme on dit, positionné sur ce créneau en multipliant les émissions consacrées à la santé, aux soins du corps et de l'esprit, à la psychologie et au bien-être en même temps qu'à l'étalement des rapports affectifs et des drames familiaux par des témoignages individuels des plus intimes et des plus sordides. Des émissions de téléréalité permettent aux individus de se mettre en scène au plus près de leurs affects et de leurs sentiments, en satisfaisant leur besoin effréné de reconnaissance et le voyeurisme d'un public aux préoccupations semblables. Il en va de même sur Internet et les réseaux sociaux, où les individus cherchent à se distinguer, à être vus et reconnus par leurs pairs en exhibant leur image, leurs goûts particuliers, leur corps, leurs sentiments et leurs humeurs du moment.

Cette bulle « narcissico-médiatique » se double d'un journalisme d'opinion agressif rompant avec la déontologie et le professionnalisme qui ont existé dans l'après-guerre. L'exposé rigoureux des faits et de leurs différentes interprétations possibles a été dévalorisé au profit de l'inflation de commentaires de journalistes qui diffusent leurs propres opinions comme des évidences correspondant au nouvel air du temps. Les médias audiovisuels ont ainsi promu un nouveau type de journaliste animateur et intervieweur, faussement cool et redresseur de torts, cherchant systématiquement à mettre à mal son interlocuteur en s'affirmant volontiers comme le porte-parole attitré de l'opinion. Il se méfie de tout et sait tenir tête à l'État et aux puissants dans une optique où « ceux d'en bas » paraissent toujours avoir raison. Cette figure du journaliste est devenue une sorte de nouveau héros des temps présents dont le portrait s'affiche désormais dans de grands encarts dans les journaux, à la télévision et sur les panneaux publicitaires des villes. Le rôle de médiateur a tendance à s'effacer derrière le culte de l'ego dans un milieu qui vit dans l'entre-soi.

Le journalisme militant, qui a désormais sa place dans les grands médias, pousse cette logique à l'extrême. Il donne constamment des leçons de morale, dénonce ceux qui ne partagent pas sa propre conception du Bien ; il se fait justicier, n'hésite pas à jouer le rôle de procureur médiatique et public en violant allègrement le secret de l'instruction. Il est relayé par des associations victimaires qui s'approprient le magistère de la morale, surveillent les propos et portent plainte à la moindre occasion, en se présentant comme les porte-parole attitrés des pauvres, des exclus, des discriminés et des opprimés du monde entier. Internet et les réseaux sociaux amplifient le phénomène. De nouveaux « sans-culottes » individualistes y sont présents en nombre et entretiennent la méfiance systématique contre l'État, surveillent les gouvernants, les riches et les puissants, pratiquent la délation et le lynchage médiatique. Ce qu'il faut bien appeler une « police de la pensée et de la parole » s'est mis en place au sein même de la société, laquelle répand le soupçon et la délation dans le champ intellectuel et les rapports sociaux.

Ce type de fonctionnement égotique et justicier ne caractérise pas l'ensemble des médias et des journalistes, mais il dégrade la déontologie journalistique et suscite en contrepoint le rejet des « journalistes » dans une bonne partie de la population.

Politique, émotion et sentiments

La politique n'a pas non plus échappé à ce nouvel individualisme. Celui-ci ne se traduit pas seulement de façon extrême et minoritaire par une série d'affaires et de scandales où des politiques ont, pour le moins, du mal à séparer leur vie privée, leurs intérêts personnels et leur fonction. L'activité politique elle-même porte la marque de ce nouvel individualisme dans la façon dont des représentants de l'État et des politiques se présentent et s'adressent à l'opinion publique sondée comme il se doit.

Si la désacralisation de l'État et le rapprochement entre gouvernants et gouvernés participent du processus démocratique, il s'agit, là aussi, de prendre la mesure du changement opéré. Nous n'avons pas seulement affaire à une mise en cause salutaire des bureaucraties, d'une trop grande rigidité des comportements politiques, des protocoles et des rituels, d'un rapprochement nécessaire avec la société permettant aux responsables de mieux connaître les préoccupations des citoyens... Un basculement s'est opéré – avec la participation paradoxale des politiques – qui tend à effacer l'écart entre les citoyens et leurs représentants, entre la société et l'État, écart constitutif des démocraties modernes.

L'actualité est désormais ponctuée d'une « réactivité » d'un nouveau genre qui allie communication politique et valorisation de soi. Beaucoup de femmes et d'hommes politiques, qu'ils occupent ou non des fonctions représentatives, affichent leurs réactions personnelles à la moindre occasion sur les réseaux sociaux, cherchant la petite phrase distinctive, plus ou moins maîtrisée, qui leur permettra de faire parler d'eux sur Internet et dans les médias. Ils vont jusqu'à s'afficher sur les plateaux de télévision aux côtés de journalistes-animateurs, de comiques plus ou moins drôles, de personnalités du showbiz et de tous les « gagnants » célèbres pour assurer leur promotion. Ils écrivent ou se font écrire des livres où ils mettent en scène leur vie personnelle, se livrent à des confidences sur eux-mêmes, font part de leurs goûts, de leurs émotions et de leurs sentiments… qui les ramènent au niveau de tout un chacun. Ils partagent avec les individus qui leur ressemblent une soif de reconnaissance tout en se croyant – comme ceux qui les entourent, les conseillent et les flattent – au-dessus du lot commun.

Une telle mentalité, avec son côté nouveau riche et parvenu, ne concerne pas l'ensemble de la classe politique, mais le nombre de responsables qui développent de tels comportements s'est accru. Ce rabaissement de la politique et de l'institution à la mesure de l'individu nouveau qui les incarne ne s'accompagne pas seulement de l'effacement des signes distinctifs trop visibles de la fonction au profit de l'inflation du « moi, je… » qui s'étale dans les discours officiels, il aboutit à un méli-mélo entre vie publique et vie privée dont les médias sont particulièrement friands. Ces politiques ont beau jeu de s'indigner des pratiques de la presse people et de certains médias alors qu'ils les alimentent par leur comportement.

Ils font désormais valoir sans plus de retenue leurs émotions et leurs goûts, leur parcours de vie et leur ambition personnelle (« Après tout, pourquoi pas moi ? ») pour accéder aux fonctions auxquelles ils aspirent. Mal à l'aise, agité ou crispé dans la fonction qu'il incarne, un nouveau type d'homme politique apparaît comme quelqu'un de « normal », un individualiste ordinaire adapté au nouvel air du temps. Dans la dernière décennie, cette nouvelle figure de l'individu est parvenue au plus haut sommet de l'État, contribuant ainsi à l'érosion de son autorité et de sa fonction.

Désormais, l'« indignation », l'expression de la subjectivité et la « victimologie » sont fortement présentes dans les discours politiques comme un gage d'authenticité censé rapprocher les représentants des citoyens ordinaires. Les politiques écoutent la souffrance et compatissent aux malheurs de leurs concitoyens, leurs campagnes électorales intègrent un pathos sentimental qui surfe sur l'individualisme sentimental et victimaire. S'il entre bien une part de cynisme et de démagogie dans ce phénomène, la sensibilité et la sincérité de l'individu contemporain qui s'engage en politique sont également présentes. Ce mélange d'« authenticité » et de démagogie plus ou moins consciente n'est pas totalement nouveau, mais il est devenu une façon d'être et de « faire de la politique » qui rompt avec une certaine hauteur de vue dans la manière de se présenter et de parler aux citoyens. Ces dernières années, la proximité compassionnelle a été poussée au plus haut point dans une logique électorale et de communication où les plus hauts représentants de l'État réagissent à la moindre occasion à des situations qui antérieurement relevaient plutôt de la rubrique santé, des accidents de la route et des faits divers.

Plus encore que les médias et les politiques, la façon dont les pouvoirs en place dans les différentes sphères d'activité se sont adaptés à ce nouvel individualisme a produit des effets délétères qui ont déstabilisé les individus et les collectifs.

Le développement d'un nouveau courant managérial en rupture avec l'ordre ancien a intégré l'exigence d'autonomie dans une logique d'injonction paradoxale qui a fait de celle-ci un nouveau modèle de comportement social. Dans leur vie personnelle comme dans leur vie professionnelle, les individus se doivent d'être « autonomes » et de « gérer » par eux-mêmes leurs multiples « projets », leur « parcours de vie », leurs sentiments et leur santé ; ils sont sommés par les pouvoirs en place de devenir « acteurs du changement » « le leur comme celui du collectif dans lequel ils travaillent, et en fin de compte d'une société qui n'en finit pas de se moderniser. L'individu se trouve placé dans une situation où tout semble reposer sur ses épaules, où sa personnalité tout entière est directement mise en jeu. Les références devenues courantes à l'« autoévaluation » et à l'« autocontrôle », y compris à l'école, sont significatives. L'évaluation et le contrôle ne passent plus explicitement par la parole et le jugement de l'autre – lequel n'est pas seulement une autre individualité que la mienne, mais représente une instance incarnant la prédominance des exigences collectives et institutionnelles. Tout paraît reposer désormais sur les propres ressources internes de l'individu, les écarts par rapport à ces normes provenant de ses propres faiblesses ou lacunes. Il dépendra alors de sa propre volonté (bonne ou mauvaise) d'y remédier, la motivation, le développement de ses compétences et de la performance étant considérés comme les facteurs clés de la réussite individuelle.

Le pouvoir s'est ainsi fait moins visible ; il a brouillé les places, les responsabilités et les rôles, plaçant les individus dans des situations difficiles à assumer. À la contrainte externe succède l'intériorisation de contraintes et de normes paradoxales censées émaner de l'individu. Dans le même temps se sont multipliés les conseillers et les coachs, les méthodes d'élaboration d'un « parcours personnalisé » définissant des objectifs également personnalisés, les outils d'évaluation des compétences et des performances individuelles... Ces experts et ces boîtes à outils sont censés n'imposer nulle contrainte, mais aider et conseiller les individus qui donneront leur assentiment sous la forme d'un « contrat d'objectifs » supposant un libre engagement. Jamais l'autonomie et la souveraineté individuelle n'ont été érigées à ce point en valeur de référence, et jamais il ne s'est trouvé autant de conseillers et de spécialistes pour l'encadrer et l'évaluer – tel n'est pas le moindre des paradoxes. Le pouvoir ne tient pas à s'afficher comme tel ; il est devenu horizontal et ne s'impose plus de l'extérieur. Il gère, forme, conseille et fait pression. S'instaure ainsi un jeu de miroirs délétère qui renvoie à l'individu sa propre image et son double opérationnel sous la forme d'un modèle social de l'autonomie et de la performance auquel il est censé se conformer.

Le pouvoir et les normes n'apparaissent plus comme des repères à partir desquels l'individu peut se positionner (positivement ou négativement), ils sont censés émaner de l'individu et correspondre à ses propres exigences. Débarrassé de toute référence extérieure et transcendante, l'individu est renvoyé à un face-à-face avec lui-même. Il est placé dans une situation paradoxale qui le charge d'une lourde responsabilité et le déstabilise. Sans référence autre que l'image qu'il s'est donnée de lui-même et son double opérationnel auquel il est censé se conformer, il a le plus grand mal à se construire une identité solide et à s'apprécier à une juste mesure, passant facilement de la surestimation à la dépréciation de soi. Malgré les apparences, l'individu des démocraties modernes n'a rien d'un être tranquille et apaisé. Il vit dans une insécurité identitaire qui l'agite et ne le laisse guère en repos.

Tel me paraît être le caractère nouveau et déconcertant de la situation de l'individu dans les démocraties contemporaines. La « servitude volontaire » est poussée jusqu'au paroxysme où elle ne trouve à servir qu'elle-même et où l'individu qui se veut maître et souverain peut devenir son propre tyran, phénomène inédit et paradoxal qui rompt avec les formes anciennes du pouvoir et de la domination et que j'ai dénommées « barbarie douce[1] ». L'exigence d'autonomie et de souveraineté individuelle érigées en nouveau modèle de société entraîne un processus de déliaison et de désinstitutionalisation qui abandonne l'individu à lui-même et facilite toutes les manipulations.

Parmi les conditions qui ont rendu possibles la naissance et le développement d'un tel individualisme, les bouleversements du terreau éducatif et de l'enseignement me paraissent avoir joué un rôle prépondérant.

---

1. Cf. Jean-Pierre Le Goff, *La Barbarie douce. La modernisation aveugle des entreprises et de l'école*, La Découverte, 1999 et 2003, et *La Démocratie post-totalitaire*, La Découverte, 2002 et 2003.

II

Éducation : le grand chambardement

Chacun peut quotidiennement constater les comportements des enfants et des jeunes et mesurer l'importance du nouveau fossé existant entre les générations. Mais, là aussi, on tend à relativiser cette fracture en faisant valoir la figure d'une jeunesse qui resterait foncièrement la même, les conditions sociales et historiques ayant seulement changé, ou plus simplement, l'âge aidant, on ne tient pas à passer pour un vieux ou un réactionnaire en critiquant la nouvelle éducation des enfants. On ne cesse de parler à leur propos d'« épanouissement », d'« autonomie » et de « citoyenneté » sans s'interroger sur la signification donnée à ces termes. La question mérite pourtant d'être posée sans ambages : quels peuvent être les effets des nouvelles façons d'élever et d'éduquer les jeunes générations sur la personnalité des individus et sur la vie en société ? Cette question n'est pas simple affaire de pédagogie et d'adaptation, elle met en jeu une nouvelle conception de l'enfance et de l'adolescence qui mérite d'être interrogée comme telle.

L'école joue un rôle important dans cette éducation première, mais elle n'est pas seule en cause. Elle a pour condition ce que les sociologues dénomment sommairement « socialisation ». Celle-ci est en fait inséparable d'une conception de la condition humaine, du rapport au monde, aux autres et à la vie en société, détermine une morale collective implicite et explicite qui guide une façon d'être et de se comporter dans la vie privée et publique. Il faut aborder de front cette question : qu'en est-il aujourd'hui de cette « socialisation » ?

L'école est devenue une institution sur laquelle la société tend à se décharger de ce problème en évitant d'aborder les bouleversements globaux du terreau éducatif qui se sont produits depuis près d'un demi-siècle. Par terreau éducatif, j'entends précisément les représentations, les valeurs, les modèles identificatoires, les habitudes et les comportements que le jeune est amené à intérioriser dès l'enfance et jusqu'à l'âge adulte. Ceux-ci sont transmis par imprégnation et sont liés avant tout à la famille, au milieu social, aux traditions locales et à la société globale dans laquelle l'enfant naît et grandit. Cette éducation première constitue un arrière-fond culturel premier qui marque l'individu tout au long de son existence. L'école y participe, mais elle ne peut pas tout faire ; sa mission centrale demeure l'instruction, la transmission et l'apprentissage d'un contenu structuré de savoirs et de compétences. Dans son parcours de vie, l'individu est amené à se révolter contre cette éducation première et peut rompre avec elle, il n'en demeurera pas moins marqué par elle.

Pour mesurer plus précisément le chemin parcouru en un demi-siècle, il me paraît utile d'examiner de plus près l'ancien sens commun tel qu'il a prévalu en France dans les années 1950 et a perduré jusqu'aux années 1960, période où il a été sérieusement mis à mal. À partir de ces éléments, il est plus facile de mieux saisir l'ampleur et la nature des bouleversements du nouveau monde en matière d'éducation.

Un ancien monde obscurantiste ?

Au regard des évolutions de la société et des connaissances nouvelles sur l'être humain, l'éducation de l'ancien monde peut sembler désuète, sinon barbare. Désormais, le bébé est considéré comme une personne à laquelle on reconnaît des besoins spécifiques, des étapes de développement et une psychologie qui lui sont propres. Il en va de même pour l'adolescence. Les connaissances et les spécialistes dans ces domaines n'ont cessé d'évoluer ; les livres, les brochures, les articles de journaux, les émissions de radio et de télévision, Internet... regorgent de conseils pour bien éduquer les enfants.

Pourtant, ce qui se passe dans de nombreuses familles et à l'école, les faits divers souvent dramatiques qui ponctuent l'actualité témoignent de ce qu'on appelle aimablement les « insuffisances » ou les « lacunes » de l'éducation. Force est de reconnaître qu'il existe un décalage manifeste entre les discours lénifiants tenus sur la jeunesse et les incivilités et les violences qui font l'actualité. Le plus souvent, ces dernières sont réduites aux conditions et aux inégalités économiques et sociales, sans qu'on s'interroge sur le nouveau terreau éducatif et ses liens avec les phénomènes dont on déplore l'existence.

Les différences existantes entre l'ancien monde et notre présent sont en fait présentées d'une manière telle qu'elles peuvent laisser supposer que l'ancien monde n'a plus rien à nous apprendre en matière d'éducation et que l'histoire marcherait toujours dans le sens d'un progrès marqué par une inéluctable émancipation de l'individu, y compris dès son plus jeune âge. Je crois au contraire que la mise en perspective de l'ancien et du nouveau monde peut nous amener à prendre un recul réflexif et critique salutaire sur les impasses de l'éducation actuelle et les nouvelles représentations de l'enfance et de l'adolescence qui lui sont sous-jacentes.

Comme toute époque, l'ancien monde comportait sa part de préjugés et de brutalité, mais, contrairement aux clichés qui ont été transmis aux nouvelles générations, l'éducation des jeunes n'était pas unilatéralement marquée du sceau de l'ignorance et de contraintes insupportables, dignes d'une préhistoire obscurantiste que les éducateurs modernes auraient tôt fait de dissiper. Par-delà les formes qu'a prises cette éducation dans une période historique particulière, elle s'intégrait dans une conception de la condition humaine issue d'un long héritage. Il importe de la comprendre plutôt que de la juger d'emblée, à l'aune d'un présent éducatif qui se veut toujours de progrès alors que ses limites et ses impasses sont de plus en plus manifestes.

Pour mieux cerner les principes qui présidaient à l'éducation ancienne, le livre, *Un village du Vaucluse*[1], de Laurence Wylie, peut nous servir de guide dans la mesure où il constitue un document exceptionnel sur les mentalités et les comportements d'une population française dont la majorité était encore issue du monde rural

1. Laurence Wylie, « Grandir à Peyrane », *Un village du Vaucluse,* Gallimard, 1968, 1979.

au lendemain de la Seconde Guerre mondiale. Partant de cette situation, il est possible de mieux saisir l'ampleur et la nature des bouleversements du nouveau monde en matière d'éducation.

Socialisation et dressage

Dans l'ancien monde, les soins et l'éducation des enfants relevaient avant tout de la famille avec une distinction rigide des fonctions basée sur la différence des sexes et la conception du rôle social de chacun. Le divorce était alors beaucoup moins fréquent qu'aujourd'hui. C'était une décision qu'on ne pouvait envisager que dans des cas extrêmes. Il n'avait rien d'un « arrangement à l'amiable », mais il était encore largement considéré comme « honteux », impliquait souvent des violences. Quant aux procédures juridiques, elles étaient longues et contraignantes.

L'éducation des jeunes enfants revenait avant tout à la mère, qui veillait à leur apprendre la propreté et les « bonnes manières » et à leur « inculquer l'amour et la crainte du père »[1]. Celui-ci s'occupait peu des enfants, non seulement parce qu'il travaillait pour nourrir sa famille, mais parce que l'on considérait que ce n'était pas son rôle. Il représentait le pôle d'une autorité qui, comme telle, ne se discutait et ne se négociait pas, ce qui ne l'empêchait pas d'aimer ses enfants et de manifester des signes de tendresse à leur égard. Et quand le père paraissait trop sévère ou injuste, la mère ou les grands-parents s'arrangeaient souvent pour arrondir les angles.

1. Laurence Wylie, *Un village du Vaucluse, op. cit.*, p. 156-157.

Un autre trait caractéristique de l'ancien monde me paraît être l'insertion de l'enfant dans des relations de sociabilité avec les habitants du village ou de son quartier qui le reconnaîtront comme appartenant à la même collectivité. Quand la mère travaillait ou avait d'autres occupations que les tâches domestiques, elle pouvait confier la garde des jeunes enfants aux autres membres de la famille (avant tout la grand-mère ou la grande sœur, mais aussi le grand-père) ou aux voisins qu'elle connaissait et en qui elle avait confiance. Ce contact quotidien entre les générations, entre enfants, jeunes, adultes et personnes âgées évitait de faire de l'enfance un monde trop séparé. Il permettait l'intégration progressive à la vie collective avec ses plaisirs, ses joies, ses peines.

Adultes et enfants vivaient dans une proximité plus grande avec la mort, l'espérance de vie était plus courte. Les décès à la naissance, la perte de frères et sœurs au sein des familles nombreuses, celle d'un grand-parent ou d'un parent constituaient autant d'événements tragiques de la condition humaine auxquels un enfant se trouvait confronté plus souvent qu'aujourd'hui. On veillait les morts dans la maison familiale et la présence des jeunes aux enterrements n'était pas rare, contrairement à ce qui se passe actuellement.

Attachés à l'éducation « de leur temps », les parents tenaient à ce que leurs enfants acquièrent le comportement qu'ils avaient appris dans la famille et à l'école : respect du maître, du curé pour ceux qui allaient à l'église, respect des adultes et des anciens. On n'hésitait pas à réprimer l'agitation et on insistait beaucoup sur la politesse.

L'école poursuivait ce travail entamé dans la famille en faisant à son tour valoir les règles de la politesse et du comportement en société. Loin d'encourager les jeunes à « exprimer leur personnalité », l'éducation ancienne dans la famille et dans l'école leur apprenait qu'il faut au contraire la contrôler.

Éducation, contraintes et sanctions étaient alors indissociables. Ce qu'on appelait le « dressage » était lié à une conception du jeune enfant qui le rapprochait de l'animal : « Les gens de Peyrane, écrit Laurence Wylie, ne croient pas que l'homme soit naturellement bon, car il leur paraît évident que les enfants ne sont pas naturellement bons[1]. » Cette conception est à l'opposé de celles qui font valoir l'« épanouissement de l'enfant » et une spontanéité créatrice qu'on ne saurait trop contrarier.

À l'école, la discipline était des plus strictes : les jeunes élèves devaient « rester assis sans bouger pendant des heures de suite et sans parler à leurs petits camarades » sous peine de réprimandes et de sanctions. La pratique consistant à tirer les oreilles, à donner des coups de règle sur les doigts ou des claques à des élèves turbulents, les méthodes humiliantes (telles que le « bonnet d'âne ») envers ceux dont on estimait qu'ils n'avaient pas fait d'efforts pour s'instruire étaient encore bien présentes dans les années 1950. En général, les parents n'y trouvaient rien à redire et ils pouvaient parfois en rajouter, en « donnant une correction » supplémentaire à leur progéniture.

À l'école, le jeune devait accepter la discipline sans se plaindre, du reste « il [savait] que se plaindre ne servirait à rien car personne ne lui prêterait attention[2] ». Dans la

1. *Ibid.*, p. 150.
2. *Ibid.*, p. 94.

famille comme dans l'école, l'enfant aura ainsi appris que « la vie comporte des aspects désagréables dont il faut s'accommoder[1] ». C'est précisément l'acceptation de ces « aspects désagréables inévitables » qui est devenue plus difficile aujourd'hui.

La mentalité de ces villageois est aujourd'hui difficilement pensable : « Ils [les parents] reconnaissent volontiers que certains sont plus intelligents que d'autres et, puisqu'il s'agit d'un fait d'évidence, il leur paraît vain et inutile d'essayer de le nier ou même de le minimiser. Mieux vaut en prendre son parti et agir en conséquence. C'est pourquoi l'on voit parents, institutrices et enfants parler assez franchement de ces questions. Lorsqu'un père ou une mère dit : "Mon enfant n'est pas aussi intelligent que le vôtre", il ne cherche pas à être rassuré, il émet simplement une constatation[2]. » Cette constatation n'a plus vraiment cours aujourd'hui chez les parents d'élèves et leurs représentants, qui font volontiers valoir le « droit à la réussite pour tous » et ont tendance à considérer leurs enfants comme des sortes de génies créateurs en reportant sur les enseignants la responsabilité des limites ou de l'échec de leur progéniture.

Compensations et âge de raison

Si contraignante et rigide qu'elle puisse paraître aujourd'hui, cette éducation à l'ancienne ne se limitait pas à ces aspects. Les contraintes, les frustrations et la discipline imposées à l'enfant impliquaient en même

1. *Ibid.*
2. *Ibid.*, p. 103.

temps des gratifications et des compensations qui sortent du registre de la simple soumission.

À l'école, les enfants avaient droit à des récréations au cours desquelles ils pouvaient s'amuser sans qu'on surveille de trop près leurs paroles et leurs comportements, les instituteurs n'intervenant qu'en cas de disputes ou de bagarres qui dégénèrent. On n'entendait pas plus mettre à profit leur « temps libre » pour les stimuler dans des activités éducatives et rattraper leur retard scolaire. Il en allait de même les jours de congé où ils pouvaient jouer sans que des spécialistes veuillent à tout prix les encadrer et s'ingérer dans leurs affaires. Les jeux ne reflétaient pas simplement, comme on le dirait volontiers aujourd'hui, des « rôles sociaux » liés à des « stéréotypes sexués », mais ils laissaient libre cours à l'imagination et à l'expression de la part d'agressivité que l'enfant porte en lui. Ces moments de liberté étaient d'autant plus appréciés que la discipline et la pression des adultes et de l'école étaient fortes. En comparaison avec les jeux et les loisirs des enfants d'aujourd'hui, ceux des garnements de l'époque peuvent paraître cruels et peu respectueux de la nature et de l'environnement. Mais les adultes les considéraient alors comme des manifestations naturelles de cet âge de la vie qu'il fallait tolérer.

Chaque étape de la formation de l'enfant dépendait en fait du « développement de ce que les gens appellent sa *raison*, c'est-à-dire son aptitude à comprendre ce qu'on lui dit[1] », et on attendait de lui qu'il se montre de plus en plus raisonnable au fil des ans. Il ne s'agissait pas, ce faisant, de discuter d'égal à égal, de chercher à le convaincre comme s'il s'agissait d'un adulte, comme beaucoup de

1. *Ibid.*, p. 76.

parents le font aujourd'hui. On cherchait au contraire à lui faire honte en lui rappelant qu'il n'était plus un bébé ou que les autres enfants de son âge étaient bien plus obéissants que lui. Loin d'être considéré comme un adulte avant l'heure, l'enfant demeurait un « mineur ». L'éducation et l'enseignement devaient lui permettre progressivement de devenir adulte, en l'insérant dans la collectivité et en développant sa raison.

Cette éducation s'inscrivait dans des conditions économiques et sociales particulières bien différentes de celles d'aujourd'hui. En l'espace de près d'un demi-siècle, ces conditions premières de l'éducation ont considérablement changé, à tel point que la comparaison avec l'ancien monde peut paraître hors de propos. Ces changements n'en mettent pas moins en jeu une nouvelle façon de concevoir la place de l'enfant au sein de la famille et de la société. Envisagé sous cet angle, le présent ne peut pas être globalement pensé comme la marque d'un progrès inéluctable.

Hégémonie sentimentale et désunion

La prépondérance de l'ancien modèle familial s'est érodée au profit d'une variété de situations : l'enfant peut vivre dans une famille dont les parents sont ou non mariés ou encore « pacsés », dans une famille monoparentale, caractérisée le plus souvent par l'absence du père, dans des familles recomposées issues d'une nouvelle union du père ou de la mère, regroupant souvent sous le même toit des enfants de plusieurs lignées, ou encore dans des familles homoparentales qui l'ont adopté ou l'ont fait mettre au monde par des techniques médicales ou par la gestation pour autrui.

On peut considérer, là aussi, qu'il s'agit d'une évolution inéluctable liée à la reconfiguration de l'alliance et du désir d'enfant propre aux aspirations du nouvel individu démocratique et que, somme toute, il n'y a pas de quoi trop s'inquiéter. Certains aspects apparaissent comme un progrès : être ce qu'on appelait autrefois une fille mère n'a plus rien de honteux et un enfant né hors mariage n'est plus considéré comme un bâtard qui pouvait faire l'objet de la mésestime et de la raillerie de la population. L'alliance basée avant tout sur l'amour ne vaut-elle pas mieux que les mariages arrangés de l'ancien monde ? N'est-elle pas le signe d'un nouvel « humanisme de l'amour[1] » ?

Désormais, les rapports amoureux et l'intensité des sentiments sont devenus des critères essentiels de l'union, en dehors même de leur inscription dans un ordre généalogique et juridique qui les insère dans un temps long. Soumise à l'hégémonie des sentiments des individus et à leur versatilité, l'union qui se veut authentique s'est en même temps fragilisée, passant facilement de l'amour fusionnel à la haine et au ressentiment, faute d'un décentrement et d'une référence à un ordre institutionnel pouvant permettre un recul salutaire face aux aléas et aux déconvenues d'un moment.

Les pouvoirs publics ont mis à mal cette dimension en voulant s'adapter au plus vite à cette évolution qui consacre la suprématie des individus sur les institutions et les instrumentalise. Le Pacte civil de solidarité (PACS)

---

1. Luc Ferry, *Familles je vous aime,* XO Éditions, 2007 ; *La Révolution de l'amour. Pour une spiritualité laïque,* Plon, 2010.

offre l'avantage de la souplesse dans l'union et la désunion, réduisant *a minima* les formalités administratives. On se sépare ou on divorce aujourd'hui pour des motifs qui, dans l'ancien monde, étaient jugés futiles, comme une déception amoureuse, une incompatibilité d'humeur ou ce qu'on appelait une passade. Depuis quarante ans, la législation s'est adaptée à cette nouvelle mentalité en simplifiant les modes de divorce, en allégeant les procédures et les délais. Dans ce domaine, le divorce par consentement mutuel est devenu une sorte de modèle de la désunion apaisée pour couple moderne, réputé pour sa rapidité et ses moindres frais.

Les discours tenus sur ces phénomènes se veulent généralement cools et rassurants. En fait, les séparations et les déstructurations familiales ne se vivent pas sans drames, entraînant des situations particulièrement déstabilisantes et angoissantes pour les enfants. Quand les parents reconnaissent que les séparations et les divorces sont mal vécus par les enfants, ils ne manquent pas d'ajouter : « N'importe comment, ce n'est pas bon non plus pour les enfants de voir leurs parents se déchirer. » La séparation pourrait se gérer sans trop de dégâts, pourvu qu'on sache s'y prendre avec l'enfant en le rassurant quant aux sentiments qu'on continue de lui manifester. Les parents peuvent également se rassurer en faisant valoir une situation devenue socialement banale, le nombre d'enfants de parents séparés ou divorcés pouvant le prouver. Dans tous les cas, les psychologues sont là pour aider parents et enfants.

Ce genre de discours a tous les aspects d'une rationalisation et d'un déni du tragique que comporte une telle situation. La culture psy dont se revendiquent volontiers les couches moyennes instruites est pour le moins inégalement répartie dans la population ; l'usage des antidépresseurs et des anxiolytiques paraît plus facile d'accès à beaucoup. Et même si, comme on le dit, l'enfant est capable de résilience, encore faut-il qu'il puisse trouver en lui des ressources et des expériences constructives liées à une éducation première, ce qui n'est pas toujours le cas. Tous ces efforts pour effacer la responsabilité et la culpabilité des parents n'empêchent pas les enfants d'être les premières victimes de la désunion.

Surinvestis d'attentes et placés au centre de l'attention de leurs parents déchirés, les enfants incarnent les fruits d'une alliance éphémère en même temps qu'ils témoignent de cette alliance à travers le temps aux yeux de leurs parents séparés, avec les souvenirs plus ou moins douloureux qu'elle implique. Ils restent, comme le dit justement Paul Yonnet, le « témoin vivant et inéliminable de l'union[1] ». Un slogan de l'association SOS Papa, qui regroupe des pères divorcés, l'a dit d'une autre manière : « Je divorce, mais jamais de mes enfants. Un couple dure un jour, un mois, une année… mais un enfant, c'est pour la vie. » L'union est devenue naturellement éphémère, laissée à tout moment à la libre appréciation de chacun des partenaires. Quant aux effets de ce type d'engagement sur l'enfant, ils paraissent hors champ de l'interrogation première.

1. Paul YONNET, *Le Recul de la mort. L'avènement de l'individu contemporain,* Gallimard, 2006, p. 332.

Un monde séparé

Les liens que l'enfant entretenait avec le monde des adultes et la collectivité ont pareillement changé. La socialisation, qui s'effectuait antérieurement dans les familles, dans les villages ou les quartiers, a été largement reportée dans des instances spécialisées, séparées du monde commun. Ce développement sans précédent du placement et du regroupement des enfants dans des espaces réservés et organisés selon leur âge, encadrés par des professionnels formés à la psychologie et à la pédagogie, me paraît être l'une des principales caractéristiques éducatives du nouveau monde.

Les conditions de la vie moderne, tout particulièrement dans les grandes villes, l'éloignement du lieu de travail, le développement de l'activité professionnelle des femmes sont autant de facteurs déterminants de cette nouvelle situation. Mais, là aussi, le caractère « progressiste » qu'on attribue volontiers à cette évolution ne paraît pas si évident du point de vue des rapports des enfants avec leurs parents et le monde des adultes.

On affirme volontiers qu'il n'y pas de recette miracle pour élever son enfant, l'important étant que celui-ci « se sente bien ». Tel est ce qui ne va pas de soi quand les parents sont souvent absents ou « débordés » par leur travail et quand, de leur côté, leurs enfants se trouvent pris dans de multiples activités éducatives et de loisirs – de « loisirs éducatifs » – qui ne les laissent guère en repos.

Pour beaucoup d'enfants, le temps passé dans ces lieux de garde et d'éducation est considérable, les parents les déposant tôt le matin et les reprenant en fin de journée. L'animation dont ils sont l'objet, les activités multiples qui leur sont proposées laissent peu de place à l'ennui, à l'imagination et à la rêverie. Leurs comportements sont souvent contrôlés et orientés vers des formes d'expression et de créativité correspondant à un nouveau modèle de bon comportement qui n'est pas exempt d'hygiénisme et d'une volonté d'éradiquer toute forme d'attitude rebelle. Les nouveaux éducateurs sont là pour y veiller et le rappeler aux parents.

En d'autres termes, ces nouveaux modes de socialisation se paient d'une déshumanisation, non seulement parce qu'ils séparent de plus en plus tôt l'enfant de son univers familial, mais parce qu'ils instrumentalisent la relation et l'orientent vers des fins étroitement adaptatives à un nouveau monde qui demeure aveugle aux nouvelles conceptions problématiques de l'enfance et de la condition humaine qu'il met en jeu. Une bonne part de l'éducation première des enfants échappe ainsi aux parents, qui supportent plus ou moins bien cette situation, se plaignant souvent de ne pouvoir passer plus de temps avec leur enfant et éprouvant un sentiment de culpabilité diffus qui se renforce avec les séparations et les gardes alternées.

Les « familles en souffrance » qui ont du mal à faire face aux « difficultés relationnelles » avec leur progéniture peuvent bénéficier de multiples conseils et d'aides de spécialistes, d'organismes ou d'associations d'entraide qui mettent en place des « lieux d'écoute » et des « groupes de paroles », forment au « métier de parent » ou à ce qu'on dénomme aujourd'hui la « parentalité ». On y parle beaucoup d'« écoute », de « dialogue », de « lien personnalisé » et de « projets » construits en commun… La nouvelle langue psychologique et pédagogique remplace l'ancien sens commun. Psychologues et conseillers cherchent à dédramatiser les situations et à rassurer les parents, sans pour autant parvenir à mettre fin à leur mal-être.

En fin de compte, la situation de l'enfance dans le nouveau monde me paraît marquée par un paradoxe qu'on ne saurait ignorer : l'enfant fait désormais l'objet de discours et de pratiques attentionnés en matière d'éducation qui le placent « au centre », veulent faire de lui un être épanoui et heureux, en même temps qu'il est élevé dans des situations familiales plus instables et placé dans des lieux et des organismes spécialisés qui le séparent quotidiennement de sa famille et du monde des adultes. Comment expliquer une telle situation ? Si importantes qu'elles soient, les conditions de la vie moderne comme les conditions économiques et sociales n'expliquent pas tout.

L'« enfant du désir d'enfant »

Le sociologue Paul Yonnet, dans son dernier ouvrage magistral[1], a mis en lumière un phénomène historique central : l'émergence de l'« enfant du désir[2] », qui a transformé les rapports familiaux, redéfini le statut et la place de l'enfant dans la société. Désormais, le désir d'avoir des enfants « n'a plus rien à voir avec la transmission patrimoniale, les nécessités de la reproduction sociale, le

1. Paul Yonnet, *Le Recul de la mort. L'avènement de l'individu contemporain, op. cit.*

2. Cette analyse a été également développée par Marcel Gauchet, *in* « L'enfant du désir », *Le Débat*, numéro spécial « L'enfant-problème », n° 132, novembre-décembre 2014.

souci de conserver un nom, de perpétuer la trace d'une lignée[1] ».

Paul Yonnet part d'un constat simple mais dont l'importance historique et les effets sont considérables : en cent cinquante ans, l'espérance de vie a doublé et, dans la seconde moitié du XXe siècle, la mortalité infantile et la mortalité en couches ont été quasi éradiquées ; s'y ajoutent la maîtrise de la conception et l'avortement. Cette nouvelle situation a entraîné, entre autres conséquences, un changement historique radical dans la façon dont l'enfant est appréhendé par ses parents et la société : « L'enfant, écrit-il, n'est plus celui qui revient chaque année, comme reviennent les saisons, les moissons et les cueillettes [...]. Il n'est plus celui qui prend place, après d'autres et avant d'autres, dans une fratrie que la mort éclaircira[2] » ; il est désormais l'objet d'un désir, d'un choix et d'une sélection qui limitent la descendance et font de lui un « être unique », fruit du désir et d'une volonté préméditée des parents. L'enfant s'épanouit désormais dans une fratrie limitée où chaque enfant est considéré comme unique[3].

Cette nouvelle condition de l'« enfant du désir » influe directement sur la formation de sa personnalité. « Dans sa rareté, par le choix qui est fait de lui, il représente ses auteurs, il incarne l'alliance de ses auteurs » et, de ce

1. Paul YONNET, *Le Recul de la mort. L'avènement de l'individu contemporain*, *op. cit.*, p. 307.

2. *Ibid.*, p. 342.

3. « Aujourd'hui, la moitié des enfants a zéro ou un seul frère ou sœur, et une famille de deux enfants, c'est une famille constituée d'un enfant unique et d'un enfant unique, c'est une famille de deux enfants uniques, chacun sélectionné, choisi – et ainsi, une famille de trois enfants, trois enfants uniques... », *ibid.*, p. 245.

fait, il est un être surinvesti d'attentes, un être sacralisé, une « sorte de petit dieu vivant » qui fait l'objet d'une « glorification de l'être unique qu'il recèle, témoignant du désir unique et spécifique dont il est le fruit »[1].

Cet enfant tellement désiré, ce « petit prince », va capter toute l'attention des parents et des adultes qui l'entourent, cherchant constamment à répondre à leurs attentes. Cette « glorification égocentrique du petit enfant » est particulièrement manifeste lors des fêtes d'anniversaire. Paul Yonnet décrit avec finesse et mordant ces nouveaux types d'anniversaire comme de « véritables cérémonies d'un rite célébrant l'assomption de l'enfant du désir et reflétant la sacralité du moi » : « Aujourd'hui, en plus de la célébration intime, familiale, les enfants, dès petits, exigent l'organisation d'une fête anniversaire qui leur est dédiée, de cette fête à eux-mêmes, dont ils sont le centre. Arrivant obligatoirement – c'est la règle du jeu acceptée par tous – les mains pleines de cadeaux, les invités sont les pourvoyeurs d'offrandes qu'ils déposent aux pieds du petit Dieu du jour »[2].

Poussant plus loin son analyse, Paul Yonnet décrit la « constitution psychique » de cet « enfant du désir », conçu, élevé et éduqué dans ces nouvelles conditions. Celle-ci est marquée par une fragilité interne et une sourde angoisse sur son identité d'être désiré, choisi et unique. L'enfant du désir est ainsi constamment en demande. Cherchant continuellement à se faire remarquer, il « guette en permanence dans l'échange symbolique de la relation quotidienne un élément possible de réponse à cette question : "Ai-je vraiment été désiré ?" ».

1. *Ibid.*, p. 329, 240, 255.
2. *Ibid.*, p. 329, 255, 256.

Les parents, et plus particulièrement la mère, se doivent de répondre à ce questionnement permanent et, ce faisant, ils se placent eux-mêmes dans une situation où leur autorité devient difficile à assumer : « Comment, en effet, faire comprendre son affection, son amour, en s'opposant à ses enfants [...] ? S'opposer aux désirs des enfants, n'est-ce pas risquer de faire apparaître que ses enfants ne sont pas des enfants du désir ? » ; la relation de l'enfant à l'autorité s'en trouve tout autant affectée : « Si tu m'as tant désiré, pourquoi t'opposes-tu à mon désir ? » s'interroge l'enfant, tandis qu'à l'inverse les parents, et plus particulièrement la mère, peuvent se poser la question : « Mais pourquoi est-ce que je m'oppose à son désir, puisque je l'ai désiré ? » L'avènement du désir d'enfant est ainsi porteur d'une crise structurelle de l'interdit et de l'autorité : « Il y a une sorte de légitimité introuvable à vouloir s'opposer aux désirs des enfants, puisqu'on les a désirés »[1].

L'enfant du désir apparaît ainsi « infiniment plus *vulnérable* que le type d'enfant qui l'a historiquement précédé ». Alors qu'antérieurement il vivait avec la présence de la mort possible (celle de ses parents, de ses frères ou de ses sœurs), il est désormais élevé « comme un immortel dans un monde d'immortels, où la mort des êtres de moins de cinquante ans, lorsqu'elle survient, est vécue comme un drame injuste et anormal »[2] ; vivant antérieurement au sein d'une lignée dont il n'était qu'un élément mais dont il pouvait se prévaloir avec une certaine fierté, il est désormais placé dans une situation où il doit être l'enfant qu'on a voulu qu'il soit : un être unique capable d'autonomie dès le plus jeune âge.

1. *Ibid.*, p. 359, 360, 247, 248.
2. *Ibid.*, p. 302, 243.

Cette glorification d'un moi libéré du risque de la mort, qui s'épanouit sans l'entrave du nombre avec la revendication précoce d'être soi, a pour effet d'éliminer l'humilité des enfants au profit d'une mise en scène de soi pour capter l'attention et demeurer le centre de prétentions démesurées, qui se prolongeront jusqu'à une adolescence dont le terme semble de plus en plus reculer. Les enfants déclarés autonomes très tôt deviennent dépendants plus tard ; « Il n'y a pas d'enfants du désir heureux[1]. » De quoi déconcerter les parents du nouveau monde.

L'enfant de la culture libertaire et psy

L'avènement historique du désir d'enfant s'est accompagné d'un phénomène qui me paraît tout aussi important : le développement d'une « culture psy » qui s'est massivement diffusée dans les années 1970-1980 par le biais d'une importante littérature. Cette culture a d'abord concerné les nouvelles couches moyennes avant de répandre son vocabulaire et ses multiples conseils dans la société ; elle s'est banalisée au fil des ans pour devenir un nouveau « sens commun » dans les médias et pour une partie de la population.

On peut estimer que cette « culture psy » a contribué à mettre en question les normes et les pratiques rigides de parents et d'éducateurs qui harcèlent de leurs remontrances les enfants ou les « surprotègent », projetant sur eux leurs propres désirs et leurs propres obsessions. Mais ces aspects et les conditions de l'époque n'expliquent et n'excusent pas tout.

---

1. *Ibid.*, p. 254.

Dans le sillage de la révolte antiautoritaire et hédoniste de Mai 1968, la psychanalyse a été considérée par beaucoup comme une nouvelle théorie révolutionnaire ayant pour vocation de libérer les parents et les enfants de la domination et de l'aliénation sociales. À travers la psychanalyse s'est exprimée une prétention hors du commun : chacun, y compris l'enfant, pourrait enfin accéder à la « vérité » de son désir en se désaliénant de l'emprise parentale et sociétale. La défense de la « cause des enfants » a pris les traits d'une lutte de libération en douceur dont la psychanalyse constituerait la théorie et la praxis, les enfants et la jeunesse (aidés par les nouveaux éducateurs) jouant un rôle central dans le renouveau de la société.

Dans l'avènement et le développement de cette vulgate psychanalytique[1], deux auteurs me semblent avoir joué un rôle important : Alexander S. Neill, psychiatre anglais, auteur du livre *Libres enfants de Summerhill*[2], et Françoise Dolto, psychanalyste pour enfants. Chacun à leur manière, ils ont contribué à changer les mentalités des parents et des éducateurs et inspiré tout un courant pédagogique moderniste.

Libres enfants de Summerhill fut un livre pionnier en matière d'éducation alternative et libertaire. Diffusé à plus de 400 000 exemplaires en France dans les années 1970,

---

1. Mon propos n'est pas d'examiner ici le rapport de cette vulgate avec le freudisme – question qui continue d'animer des débats aux allures de scolastique dans des cercles de plus en plus restreints –, mais de souligner l'importance qu'a jouée l'avènement de cette vulgate dans la nouvelle éducation des enfants et de la jeunesse.

2. Alexander S. Neill, *A Radical Approach to Child Rearing,* Hart Publishing, 1960 ; *Libres enfants de Summerhill*, François Maspero, 1970. On trouvera une critique plus complète de ce livre dans *Mai 68, l'héritage impossible, op. cit.*, p. 370.

il a influencé nombre de jeunes adultes et de parents en révolte contre l'ancien monde assimilé à un système de répression et d'aliénation.

Ce livre ne se contente pas de décrire les pratiques éducatives nouvelles que l'auteur a expérimentées dans une école alternative pour une quarantaine de jeunes, garçons et filles, âgés de cinq à seize ans, en situation d'échec scolaire. S'y exprime de façon extrême une nouvelle conception rousseauiste de l'enfant animé par une pulsion de vie naturelle et bonne, entravée par la contrainte externe, la répression parentale et sociétale. À l'inverse des conceptions de l'ancien monde, l'agressivité est considérée comme étant extérieure au monde de l'enfance ; elle est le symptôme du refoulement d'une bonté naturelle qui ne demande qu'à s'épanouir positivement pour autant que les adultes et la société ne la répriment pas. « La haine est de l'amour que des obstacles ont fait dévier[1] », il suffit de lever les obstacles pour que la bonté revienne naturellement et triomphe.

Dès sa naissance, nous dit l'auteur, l'enfant est « emprisonné », il est « forcé dès le début à s'intégrer à notre société insensée », il est « façonné, conditionné, discipliné, refoulé ». Sa libération consiste à lever tous les obstacles, les tabous et les conceptions anciennes qui l'oppriment pour qu'il puisse devenir un être épanoui et sain : « Ma longue expérience de *Summerhill* m'a convaincu, écrit l'auteur, *qu'il est absolument inutile d'enseigner à un enfant comment il doit se conduire. Il apprend en temps voulu ce qui est bien et ce qui est mal, à condition qu'on n'exerce sur lui aucune pression.* » Poussant jusqu'au bout ses propres conceptions, l'auteur

1. Alexander S. Neill, *Libres enfants de Summerhill*, *op. cit.*, p. 263.

n'hésite pas à affirmer un droit à l'autonomie qui fait fi du sens commun le plus élémentaire : « *L'autonomie infantile, c'est le droit d'un bébé à vivre librement, sans contrainte extérieure en ce qui concerne ses activités psychiques et somatiques* »[1].

Pour Alexander S. Neill, les parents doivent laisser l'enfant exprimer ses tendances naturelles et expérimenter par lui-même. Celui-ci « *ne devrait jamais être forcé à faire quelque chose avant d'être arrivé de lui-même à l'idée – son idée – qu'il doit la faire*[2] », tel est le nouveau credo de cette éducation. Et de dispenser de redoutables conseils pour donner le bonheur : « *Abolissez l'autorité. Permettez à l'enfant d'être lui-même. Ne soyez pas après lui. Ne le sermonnez pas. Ne cherchez pas à l'élever. Ne le forcez pas à faire quoi que ce soit*[3]. » Les parents doivent désormais garder en tête une question redoutable : qu'en est-il de leur désir profond quand ils réprimandent leur enfant ?

La parole miraculeuse

Aux conceptions ouvertement libertaires de *Libres enfants de Summerhill* vont venir s'ajouter, pour des générations de parents, les écrits et les conseils moins extrêmes de Françoise Dolto, psychanalyste qui fut influencée par Lacan. Son audience fut considérable, non seulement par le succès de ses livres, mais par les multiples avis qu'elle a diffusés pendant des années sur

1. *Ibid.*, p. 102, 97, 225, 105.
2. *Ibid.*, p. 112.
3. *Ibid.*, p. 260.

les ondes de grandes stations de radio. Elle a ainsi joué un rôle clé dans la diffusion d'une « culture psy » dans l'ensemble de la société, figurant une sorte de nouvelle grand-mère prodiguant ses conseils sur un ton débonnaire et rassurant, sous la double autorité de la psychanalyse et des médias.

Françoise Dolto se démarque d'un courant de la libération du désir anarchisant : elle reconnaît la dissymétrie du rapport adulte/enfant pour la satisfaction des besoins vitaux et de la sécurité affective qui dépendent des parents, l'existence de la Loi, au sens lacanien d'une instance symbolique qui « limite les ravages séducteurs de la liberté et de l'expansion sans frein[1] ». Mais elle a beau réaffirmer qu'« écouter le désir » n'est pas le satisfaire, que la frustration est nécessaire à l'éducation, que la spontanéité n'est pas la créativité… l'essentiel de ses propos laisse entendre le contraire.

Ses écrits n'ont cessé de souligner l'importance des « forces créatives, audacieuses et poétiques de l'enfance et de la jeunesse, ferment de renouveau des sociétés », leur « potentiel », leurs « capacités propres », leur « génie naturel »[2]… auxquels s'opposent les refoulements, la répression des parents, des adultes, de l'école traditionnelle et de la société. Parents et éducateurs sont invités à « se mettre à l'écoute » de l'enfant en se débarrassant de tout jugement *a priori* qui viendrait contrarier ou refouler la libre expression de son désir et de ses potentialités créatrices. Tout ce qui est intrusif et vient réprimer

---

1. Françoise Dolto, *La Difficulté de vivre,* InterÉditions, 1981, p. 375.

2. Françoise Dolto, *La Cause des enfants*, Robert Laffont, 1984, Pocket, 2004, p. 191, 257.

frontalement la spontanéité et la libre expression enfantine est à bannir.

Pour Françoise Dolto, « tout est langage » et « tout est signifiant », le moindre détail du comportement de l'enfant exprime l'inconscient ; toute manifestation gestuelle, corporelle, tout trouble physiologique de l'enfant est parlant. Les parents doivent se montrer attentifs au message qu'il recèle, s'ils ne veulent pas que leur enfant connaisse des troubles et somatise d'une quelconque façon. Françoise Dolto a beau dire que « conscientiser les parents, ce n'est pas les culpabiliser », qu'il faut que « l'éducation soit la plus légère possible dans sa directivité[1] », ses écrits, ses multiples interventions dans l'espace public, les flots de débats et de commentaires, l'abondante littérature et les méthodes qui s'en inspirent n'ont rien de léger. La relation parent/enfant va prendre des allures de thérapie et de psychanalyse sauvage qui n'en finit pas. La parole est éminemment performative et volubile ; elle semble pouvoir accomplir des miracles et n'a pas de fin, répétant à satiété les mêmes leçons.

Il s'agit d'abord et avant tout de « scruter l'enfance dans sa réalité propre », de « se mettre à l'écoute » en considérant l'enfant « comme une personne, dès sa naissance, vis-à-vis de qui chacun se comporte comme il aimerait qu'autrui le fasse à son égard »[2]. Tout semble affaire de dialogue et de compréhension, la relation d'éducation devient une « relation intersubjective entre deux êtres humains à égalité de valeurs[3] ».

1. *Ibid.*, p. 336.
2. *Ibid.*, p. 189.
3. *Ibid.*, p. 347.

Cette relation de respect et d'égale grandeur entre adulte et enfant aboutit en fait à une sorte de renversement des rôles quand Françoise Dolto souligne que c'est grâce à l'enfant que l'adulte est devenu parent, et qu'en se mettant à son écoute il a tout à apprendre de lui. L'éducation de l'enfant par les adultes – aidée par les conseils de la psychanalyse – est en même temps une éducation des parents qui doivent cesser de réprimer et de refouler la part d'enfance qu'ils portent en eux. Françoise Dolto pousse ce renversement à l'extrême lorsqu'elle affirme : « Éduquer ses parents, voilà la tâche qui depuis toujours est celle des enfants bien vivants, mais qui ne leur avait jamais été expliquée.[1] » Dans le langage pédagogico-psychologique, le parent devient ainsi l'« "*apprenant*" de l'enfant[2] ». Ses disciples ne manqueront pas de le rappeler : « Éduquer un enfant, c'est changer le monde, faire évoluer des valeurs vers des horizons meilleurs dans un véritable esprit révolutionnaire. L'enfant étant l'avenir de l'humanité, les parents en sont les premiers garants[3]. »

Cette conception à connotation militante est allée globalement dans le sens d'une « permissivité éducative » et d'une « psychanalysation de l'éducation »[4]. Loin de « libérer » les rapports avec les enfants, cette vulgate – avec ses spécialistes et ses journaux attitrés, ses multiples conseils et son abondante littérature – a développé

1. Françoise Dolto, « Préface » au *Manuel à l'usage des enfants ayant des parents difficiles,* de Jeanne Van den Brouck (1979), Seuil, 1982, p. 25.

2. Élisabeth Brami, et Patrick Delaroche, *Dolto, l'art d'être parents. L'éducation, la parole, les limites,* Albin Michel, 2014, p. 24.

3. *Ibid.*, p. 64.

4. Didier Pleux, *Génération Dolto,* Odile Jacob, 2008, p. 153.

une inquiétude nouvelle et un sentiment diffus de culpabilité concernant les capacités de chacun à éduquer ses enfants.

Au sein des nouvelles couches moyennes, cette culture psy peut devenir obsessionnelle et peser lourdement sur les relations au sein des couples et les rapports parents/enfants. Le rapport à soi-même et aux autres se charge d'une forte dose d'interrogation incessante et de doute qui renforce le nouvel individualisme autocentré. Alors que cette culture s'est voulue un instrument de libération, elle a placé la spontanéité et la liberté des relations humaines sous une surveillance et une autosurveillance de type nouveau qui n'ont rien à envier à la rigidité et au moralisme d'autrefois, surtout quand, à la différence des films de Woody Allen, l'humour y est absent.

De nouveaux pédagogues-militants

Cette conception psychologisante a pénétré l'école par le biais de tout un courant pédagogique post-soixante-huitard. L'enfant doit pouvoir faire sa propre expérience, et, s'il peut être accompagné, il ne saurait en aucune manière être dirigé ; il doit désormais apprendre en s'amusant. En 1960, A. S. Neill l'avait déjà annoncé : « Il y a cinquante ans, le mot d'ordre était : "Apprenez en travaillant." Aujourd'hui, c'est : "Apprenez en vous amusant"[1] » ; l'enseignement traditionnel qui inculque le savoir du haut en bas doit céder la place à « une « *école qui serve les besoins des enfants* – plutôt que l'inverse[2] ».

1. Alexander S. Neill, *Libres enfants de Summerhill*, *op. cit.*, p. 41.
2. *Ibid.*, p. 22.

À l'école de la soumission, de la passivité et du formatage s'oppose l'école active et personnalisée sur mesure qui s'adapte à l'originalité de chaque élève, encourage l'autonomie et la liberté créatrice. Le principe est toujours le même : l'enfant doit être amené par lui-même, en fonction de sa propre personnalité et de son propre rythme de développement, à s'intéresser aux activités proposées ; rien n'est imposé et tout doit répondre au désir et aux potentialités de chacun. L'école devient une communauté éducative au service des besoins de l'enfant et visant son épanouissement ; la pédagogie nouvelle en est l'instrument. À la figure du maître d'école se substitue celle, hybride, de l'enseignant-animateur quelque peu thérapeute.

Cette « guidance d'un nouveau style[1] » entend effacer « en douceur » tout signe de relation inégalitaire qui viendrait contraindre l'enfant : « Pour que l'autorité soit vraie, écrivent en 2014 des disciples de Dolto, il faut en effet qu'elle soit acceptée par l'enfant qui sait qu'elle lui est utile : en cela, elle est éminemment éducative[2]. » La notion de punition issue du vieux monde, qui implique contrainte et soumission, n'a plus lieu d'être, et l'interdit lui-même n'a de sens que s'il est intériorisé et accepté par l'enfant : « On doit obtenir que l'enfant arrive à "*s'obéir à lui-même*", c'est-à-dire qu'ayant intégré le sens de l'interdit il se l'applique à lui-même à bon escient[3]. » Tout est censé émaner de l'enfant, de ses besoins et de son désir et tout est fait pour laisser croire, avec un langage et des outils pédagogiques adéquats, qu'il en va bien

1. Élisabeth Brami, et Patrick Delaroche, *op. cit.*, p. 61.
2. *Ibid.*, p. 113.
3. *Ibid.*, p. 119.

ainsi, que nulle pression n'est exercée à son endroit. Ce ne sont pas seulement l'autoritarisme, les humiliations, les violences et les brimades qui sont mises en question, mais le principe même de l'autorité, dans la mesure où celui-ci implique une relation dissymétrique – et donc inégalitaire –, un consentement et une légitimité qui ne souffrent pas de longs débats.

Ces nouveaux pédagogues sont persuadés que cette « éducation nouvelle » amènera les individus à devenir réellement autonomes, à penser par eux-mêmes et devenir d'authentiques citoyens. Ils se croient investis d'une mission pour le faire, surtout quand l'Éducation nationale et une partie de la société épousent leurs conceptions et les légitiment. On peut au contraire estimer qu'après avoir été valorisés de la sorte et encouragés à exprimer sans cesse leur créativité de plus en plus d'enfants et d'individus se considèrent comme des génies méconnus, imbus d'eux-mêmes et assoiffés de reconnaissance. En voulant construire à leur façon le « meilleur des mondes », ces pédagogues-militants ont créé les conditions favorables à l'émergence d'individus qui se croient tout-puissants et d'une lutte des « ego » qui triomphe aujourd'hui. Dépassés par ce qu'ils ont eux-mêmes contribué à créer (« Nous n'avons pas voulu ça ! »), ils se montrent incapables de remettre en question leurs propres conceptions.

L'autonomie qu'ils préconisent n'a plus rien à voir avec celle de l'« autonomie de jugement » inséparable de l'instruction, marquant le passage de la minorité à la majorité selon l'idéal des Lumières ; elle s'applique à l'enfant dès son plus jeune âge et est devenue synonyme d'une libération de l'enfant de la contrainte et de la frustration. S'est construite une représentation fantasmagorique de l'enfance qui dénie son statut de dépendance et son besoin d'autorité, comme un miroir du monde rêvé des adultes qui se croient eux-mêmes libres de toute dépendance et de toute filiation. L'autonomie des enfants décrétée par les adultes incarne le nouvel individualisme qui se veut autosuffisant et s'érige en modèle de l'individu du nouveau monde.

Françoise Dolto est allée jusqu'à dire : « Nous n'avons rien à imposer aux enfants. Mon idée, c'est qu'il n'y a qu'une seule façon de les aider : en étant soi-même authentique et en disant aux enfants que nous ne savons pas, mais qu'eux doivent apprendre à savoir ; que nous ne faisons pas leur avenir, mais qu'eux le feront ; en leur donnant ce rôle de prendre leur destin en charge exactement comme eux veulent le prendre. Malheureusement, nous les influençons aussi, même sans le vouloir[1]. »

En fin de compte, comme le dit si bien Hannah Arendt, « l'autorité a été abolie par les adultes et cela ne peut que signifier une chose : que les adultes refusent d'assumer la responsabilité du monde dans lequel ils ont placé les enfants[2] ». Ce refus ou cette difficulté des adultes d'assumer clairement une position d'autorité a tous les traits d'un abandon qui, loin d'aboutir à l'émancipation supposée de la jeunesse, laisse le champ libre à d'autres modèles sociaux véhiculés par les grands médias et les modes, à l'influence des chefs de bande, des groupes sectaires et des gourous.

---

1. Françoise Dolto, *op. cit.*, p. 474.
2. Hannah Arendt, *La Crise de la culture*, Gallimard, « Folio essais », 1989, p. 244.

Quel passage à l'âge adulte ?

Après la Seconde Guerre mondiale, le développement de la production et de la consommation, la démocratisation de l'enseignement et l'allongement des études ont considérablement changé la place et le statut de l'adolescence au sein de la société. Les sociétés démocratiques ont vu l'émergence d'un « peuple adolescent » ayant sa propre culture, dont la musique rock a été le principal vecteur[1]. En France, la « commune étudiante » de Mai 1968 a constitué, comme l'a analysé Edgar Morin, une « sorte de 1789 socio-juvénile[2] » où la jeunesse s'est affirmée comme un nouvel acteur social avec lequel il faudrait désormais compter. Les différents mouvements étudiants et lycéens n'ont cessé depuis lors de le confirmer.

Dans les années 1970, parlant de l'école traditionnelle, Françoise Dolto déclarait : « On a promu un système permettant à certains d'obtenir des bonnes notes aux examens pour que ceux-ci désignent les élites[3]. » Un enfant qui a de bonnes notes et qui est premier en classe n'est pas forcément celui qu'il faut féliciter, car il se moule dans le désir des parents et de l'institution, risquant ainsi de refouler son propre désir d'exister dans son irréductible originalité. À l'inverse, il faut laisser l'enfant prendre ses propres initiatives, l'inciter non pas à se taire, mais à

1. Paul Yonnet, « Rock, pop, funk. Masques et vertiges du peuple adolescent », in *Jeux, modes et masses 1945-1985,* Gallimard, 1985 ; « L'esthétique rock », *Le Débat,* n° 40, mai-septembre 1986.

2. Edgar Morin, « La commune étudiante », *Mai 68 : la brèche. Premières réflexions sur les événements,* Fayard, 1968, p. 26-27.

3. Françoise Dolto, 1973 *in* Fabienne d'Ortoli, et Michel Amram, *L'École avec Françoise Dolto. Le rôle du désir dans l'éducation,* Hatier, 1990, p. 25.

parler, à communiquer avec ses voisins, à chercher par lui-même dans les manuels, à questionner le maître[1]…

Les pédagogues libertaires ont su en tirer des leçons. La figure de l'élève désobéissant, pas très brillant scolairement, mais « authentique » et « épanoui », va succéder à l'enfant docile et « bon en classe » comme nouveau modèle socialement valorisé. Le « cancre » que Prévert célèbre dans un de ses poèmes, celui qui « dit non avec la tête » mais qui « dit oui avec le cœur », celui qui « dit oui à ce qu'il aime et dit non au professeur »[2] devient une sorte d'anticonformiste avant l'heure. Le modèle de l'« enfant rebelle » a rejoint celui du « peuple adolescent ».

La contre-culture des années 1960-1970 a saturé l'image de la jeunesse en révolte et érigé cette période transitoire de la vie en une sorte de moment central et intense de l'existence, en regard duquel la maturité et la vieillesse apparaissent comme nécessairement décadents. Cette conception a été transmise aux générations nouvelles qui ont voulu à leur tour reprendre le flambeau dans une situation nouvelle et déconcertante : contre qui et comment se révolter quand les parents et ceux qui sont censés faire figure d'autorité prennent les traits du copain ou du thérapeute, font fi des différences de situation, d'âge et de génération ? Les adolescents post-soixante-huitards ont vécu dans une situation historique paradoxale où les adultes et la société ont valorisé et érigé la révolte en modèle de comportement.

Dans les années 1960 et 1970, le renversement de la figure du héros a accompagné un règlement de comptes

1. *Ibid.*
2. Jacques Prévert, *Paroles*, Le Livre de Poche.

historique avec l'histoire du pays, de l'Europe et de l'Occident. Les voyous et les bandits, petits et grands, sont devenus les nouveaux héros positifs de chansons et de nombreux films[1], au même titre que les Indiens qui ont commencé à supplanter les cow-boys au grand cœur[2]. La posture du voyou mi-sérieux mi-ludique, enclin constamment à la dérision, est devenue un mode d'être particulièrement prisé parmi les adolescents, dans les milieux du showbiz et des médias, incarnant ceux que Philippe Muray a dénommés les « mutins de Panurge[3] ».

Dans les années 1980, cette conception libertaire de l'éducation va se trouver intégrée à la modernisation et aux réformes de l'Éducation nationale qui vont se succéder et s'accumuler au fil des années. Revisitée à l'aune de l'adaptation et de l'emploi, l'« autonomie » va s'intégrer à la logomachie moderniste, devenant à la fois une « compétence » (« transversale »), un « objectif » (« personnalisé ») mis en œuvre et évalués à travers les « méthodes », les « outils », les « contrats » d'objectifs... Cette conception s'est répandue dans l'enseignement, avec l'appui des syndicats. Comme l'a si bien dit la principale association de parents d'élèves dans les années 1990, le jeune doit

1. Après les films mythiques *À bout de souffle* (1960) et *Pierrot le fou* (1965) de Jean-Luc Godard, qui marquèrent toute une génération, on peut citer, entre autres, *Une fille et des fusils* (1964) de Claude Lelouch, *Le Voleur* (1967) de Louis Malle, *Bonnie and Clyde* (1967) d'Arthur Penn, *La Bande à Bonnot* (1968) de Philippe Fourastié, *Ho !* (1968) de Robert Enrico, *Butch Cassidy et le Kid* (1969) de George Roy Hill, *La Horde sauvage* (1969) de Sam Peckinpah, *Le Voyou* (1970) de Claude Lelouch, *Max et les ferrailleurs* (1971) de Claude Sautet, *Les Caïds* (1972) de Robert Enrico...

2. Cf. *Little Big Man* (1970) d'Arthur Penn et *Un homme nommé cheval* (1970) d'Elliot Silverstein.

3. Philippe Muray, *Les Mutins de panurge. Exorcismes spirituels II,* Les Belles Lettres, 2006.

être « acteur » de son « éducation », de sa « formation », de son « projet personnel », de sa « propre construction de savoirs », de son « propre changement »[1]…

Quel apprentissage de la vie ?

Dans le nouveau monde, la période de l'adolescence ne dure pas seulement plus longtemps, elle est valorisée socialement et médiatiquement, érigée en nouvelle culture, avec sa mentalité et ses goûts, ses postures rebelles et ses addictions. Les individus peuvent y rester attachés jusqu'à la fin de leurs jours. L'expérimentation de tous les possibles et la « transgression » ont perdu leur sens premier ; ils sont devenus courants et insignifiants dans une société devenue permissive.

On peut mesurer le retournement qui s'est opéré en se référant à la façon dont les adultes et la société considéraient antérieurement cette période transitoire de la vie. Le contraste est des plus frappants.

Dans l'ancien monde, ériger l'adolescence en modèle de vie permanent n'était ni pensable ni souhaitable, non seulement parce que cette période de la vie durait globalement moins longtemps, la grande masse des jeunes travaillant plus tôt, mais parce que l'adolescence prolongée était jugée néfaste à la formation de la personnalité, condamnait l'individu à la marginalité et pouvait nuire à la vie collective.

À la différence de la culture adolescente, les anciens donnaient leur part à la passion et à la transgression,

1. « Le projet éducatif de la FCPE », supplément n° 1 à la *Lettre de La famille et l'école*, n° 140, 19 juin 1997.

mais ils ne considéraient pas qu'elles puissent régenter durablement les rapports humains, sinon au prix de leur destruction. Ils demeuraient fondamentalement attachés à la raison et à la modération, tout en sachant que le plaisir et la passion sont constitutifs de l'humain. Cette sagesse pratique reconnaissait à la fois que des règles étaient indispensables à la vie sociale et qu'il était impossible de s'y conformer totalement. Elle admettait une sorte de transgression paradoxale, celle qui se faisait dans les limites du raisonnable. Cette sagesse pratique reposait sur une conception de la condition humaine impliquant l'idée de limite et accordant une place centrale à la raison, la collectivité veillant tout particulièrement à ce que cette dernière finisse par l'emporter.

Les parents ne disposaient pas de connaissances psychologiques et de conseils de spécialistes, mais il existait un sens commun qui reconnaissait la spécificité de cette étape de la vie.

Dans cette période, l'individu devait apprendre par lui-même à connaître la vie, à se confronter aux désirs qu'il porte en lui : il « fallait que jeunesse se passe » pour parvenir à l'âge adulte. « S'amuser », « expérimenter par soi-même » en flirtant avec la limite était jugé incontournable et indispensable à la formation du jeune qui devait apprendre à se contrôler lui-même sous le regard plutôt bienveillant de la collectivité. Ceux qui n'ont pas pris le temps de s'amuser quand ils étaient jeunes en portent les marques tout au long de leur vie : « Ils ont gardé en eux des passions inassouvies qui risquent d'exploser un jour. Ils ne sont pas normaux, prévisibles et sains[1]. » Cela impliquait une relative suspension du jugement moral ou

1. Laurence Wylie, *op. cit.*, p. 132.

tout au moins une tolérance à l'égard des excès pourvu que ceux-ci ne franchissent pas le seuil où ils nuisent gravement aux autres et à la collectivité. Cette conception fut encore présente en mai 1968 chez les élites au pouvoir et les adultes ; elle est un des éléments permettant de comprendre la relative modération dont ces derniers ont fait preuve face à la jeunesse en révolte avant que le mouvement fasse sauter les limites.

À l'inverse, dans l'ancien monde, le jeune devait « prendre la mesure des limites permises » et « aussi apprendre que des limites sont souhaitables ». C'est dans cette perspective qu'il n'était « ni normal, ni souhaitable [...] qu'un adolescent se conduise comme un adulte ». « On ne devient *sérieux* que lorsqu'on a goûté les excès au point de leur préférer la modération »[1] ; ce n'est qu'après avoir passé cette période de liberté et de formation que le jeune homme en arrivait à accepter les conditions et les responsabilités de la vie en collectivité.

On est loin de la volonté d'éradication de tout signe de désir violent – y compris dans l'expression orale, dans les jeux et les cours de récréation –, existant chez certains pédagogues et idéologues de l'Éducation nationale qui entendent façonner les jeunes selon leur propre conception angélique de ce que doivent être un adulte et un citoyen. Leurs discours et leurs outils pédagogiques entendent partir des besoins des jeunes tout en prétendant éradiquer les risques propres à l'adolescence. Tenant un double discours fait d'autoritarisme et de « contrats », ils placent les jeunes dans des situations paradoxales.

Dans la conception angélique et idéologique de la jeunesse et de l'être humain, les phénomènes de défoulement,

1. *Ibid.*, p. 150, p. 132, p. 151.

de jeux plus ou moins virils et agressifs n'ont pas lieu d'être et se trouvent immédiatement soupçonnés d'une montée aux extrêmes dont témoignent les faits divers les plus dramatiques. Les campagnes répétées contre les incivilités et les violences à l'école, les circulaires et les directives, les stages de formation des enseignants, les derniers outils pédagogiques à la mode... renforcent la pression, entraînent des rapports éducatifs marqués par la suspicion envers les adolescents, tout en se montrant impuissants à contrer les passages à l'acte les plus violents. Dans ce domaine, l'éclatement des familles, l'érosion de l'autorité et de la transmission à l'école ne sont pas seuls en cause. Conjugués avec l'absence de travail, ils aboutissent à des phénomènes de déstructuration identitaire qui peuvent verser dans la délinquance. Dans les familles issues de l'immigration, cette situation de chômage peut se combiner avec une difficile adaptation des parents à la culture française, entraînant une désorientation des jeunes en situation d'échec scolaire, qui, sans activité et sans repères intégrateurs, peuvent errer dans une sorte de « *no man's land* anthropologique[1] ».

Dans le domaine de l'éducation comme dans les autres, l'ancien monde ne constitue pas un « âge d'or » avec l'illusion qu'il serait possible de revenir en arrière. Mais il n'en est pas moins possible d'en tirer des leçons. En fin de compte, l'éducation ancienne me paraît comporter deux caractéristiques essentielles qu'il importe de prendre en compte : il existe différentes étapes incontournables dans l'apprentissage de la vie qu'il s'agit de distinguer

1. Expression empruntée à Emmanuel Todd, *Le Destin des immigrés*, Seuil, 1994, p. 382.

et que la collectivité reconnaît par des rites de passage qui insèrent progressivement le jeune dans le monde des adultes et dans la cité ; l'être humain porte en lui une part sauvage qu'il est nécessaire de contrôler et de réguler à l'intérieur de la collectivité, sans pour autant prétendre l'éradiquer.

Ce sont précisément cette conception de l'être humain et cette dimension collective qui se sont érodées au profit d'une approche individualiste, psychologisante et angélique. Dans le nouveau monde, les psychologues et les pédagogues en tout genre ont acquis un statut d'autorité qui fait souvent défaut dans la famille et dans la société. Pour beaucoup, leurs conseils tiennent d'une parole miraculeuse capable de guérir leur malaise et leurs « difficultés relationnelles » en les exonérant de toute responsabilité.

En considérant de plus en plus tôt les enfants et les adolescents comme des adultes et des citoyens, les adultes ont brouillé les places et les rôles, court-circuité l'insouciance de l'enfance et l'indétermination de l'adolescence, étapes indispensables à leur structuration. Qu'on ne s'étonne pas alors de voir apparaître des personnalités fragiles, agitées et instables, sous les apparences du dynamisme le plus convenu.

III

Chômage et déshumanisation du travail

Depuis la fin des « Trente Glorieuses », le chômage constitue une fracture centrale entre l'ancien et le nouveau monde. Il a désormais un caractère massif et sa durée s'est allongée ; il est encadré par le droit et les chômeurs peuvent bénéficier d'une aide sociale. Ces réalités pourraient laisser croire à une sorte de banalisation du chômage, devenu un trait structurel des sociétés développées. Or, depuis des années, les enquêtes et les sondages d'opinion n'ont cessé de montrer qu'il n'en est rien.

De multiples analyses et expertises ont scruté dans le détail les changements opérés dans l'économie et dans les entreprises : mondialisation et développement exacerbé de la concurrence, changement du tissu productif de l'industrie vers les services, nouvelles technologies, nouveaux modes d'organisation et de management au sein des entreprises, nouvelles exigences en termes de compétences et de formation... Ces évolutions bien réelles ont été présentées comme une véritable « révolution » impliquant une rupture radicale avec la façon de concevoir le travail et l'emploi issue de l'ancien monde ; les résistances qui se sont manifestées au sein de la société ont souvent été considérées comme de simples manifestations de la peur et du refus du changement liées à des blocages corporatistes et psychologiques. Les analyses sociologiques critiques ont mis au contraire l'accent sur les évolutions problématiques du capitalisme et les effets des politiques économiques « néolibérales » : développement du chômage, des formes atypiques d'emploi, de la précarité sociale…

Ces approches économiques et sociales, si légitimes soient-elles, risquent de passer sous silence une dimension essentielle : le chômage n'est pas seulement un problème économique et social, il comporte une dimension anthropologique fondamentale qui est au cœur du malaise français. Son développement depuis quarante ans, combiné à celui du nouvel individualisme et à l'érosion des solidarités traditionnelles, a produit de puissants effets de déstructuration individuelle et sociale.

Prendre la mesure des effets du chômage de masse implique de s'interroger en contrepoint sur la signification du travail, sur la place et le statut qu'il a occupés dans les sociétés modernes. Si le temps de travail a globalement diminué depuis un siècle et si celui consacré aux loisirs a progressé, le travail continue de structurer les sociétés développées, contrairement à ce que peuvent laisser entendre les utopies de la « fin du travail[1] ». Celles-ci ont érigé en modèle universel la situation sociale, les goûts et les valeurs des couches moyennes en matière de loisir, de culture et de bien-être personnel.

---

1. Paul Yonnet, « « Théorie ethnographique du loisir », in *Travail, loisir. Temps libre et lien social*, Gallimard, 1999, p. 44 et suivantes.

Ces utopies ont été largement promues par des journalistes et des intellectuels disposant d'un emploi stable et d'un statut social, souvent débordés et stressés dans leur travail, qui rêvent de retourner à un temps libéré de toute contrainte consacré à l'épanouissement de soi. *A contrario*, la notion d'un « partage du travail » mis en avant par certains syndicats et organisations politiques pour contrer le chômage de masse témoigne – en dehors même du caractère réaliste ou non d'une telle proposition – du caractère incontournable du travail dans la vie en société.

Ce dernier n'en a pas moins subi d'importants bouleversements. Au nom de l'adaptation nécessaire aux évolutions s'est opérée une déstructuration de ce qui donne sens à l'activité de travail et constitue son humanité. Ce n'est pas la rationalisation du travail qui est en question, mais la déshumanisation qu'elle implique quand cette rationalisation prétend s'affranchir de l'expérience commune dans laquelle elle s'intègre. En la mettant hors champ, on a réduit de plus en plus le travail à un processus insensé dont témoigne à sa façon la notion de « souffrance au travail ». Chômage de masse et déshumanisation du travail constituent les deux faces d'une fracture du nouveau monde qui s'est développé depuis près d'un demi-siècle.

Pauvreté ancienne et déstructuration

Dans l'ancien monde, le travail, comme Péguy l'a souligné à sa manière, constituait d'abord une « sorte de sécurité » qui faisait qu'« un homme qui travaille tant qu'il peut » et qui sait se limiter était sûr de ne pas mourir de faim et de pouvoir nourrir sa famille[1]. Il fallait travailler « dur et longtemps » pour « gagner sa vie », les conditions de travail étaient pénibles et les salaires faibles – incomparables en tout cas avec ceux des pays développés d'aujourd'hui –, mais la pauvreté qui en résultait n'était pas nécessairement synonyme de malheur extrême et de déstructuration identitaire.

Mis à part pour des catégories minoritaires, le travail était conçu comme faisant partie intégrante de la condition humaine, avec sa part de contrainte incontournable, en même temps qu'il était considéré comme un facteur de moralité impliquant les valeurs d'honnêteté, d'effort et de mérite. Cette vieille morale traditionnelle du labeur et de la pauvreté était enseignée, nous dit Péguy, par les curés comme par les instituteurs.

Dans une société républicaine marquée par ces valeurs, le chômage a pu longtemps être considéré comme une sorte d'atteinte à la dignité personnelle. Être sans travail signifiait ne plus pouvoir assurer sa subsistance et celle de la famille, en même temps que pesait sur l'individu le soupçon d'être un « fainéant » et un « parasite ». Hors accident ou maladie grave, ne pas travailler signifiait « dépendre des autres » et « vivre à leurs crochets », entrer dans des rapports de dépendance vécus comme une forme de servitude, quand bien même ces rapports se voulaient charitables et paternalistes. En d'autres termes, cette situation était vécue comme une atteinte à son honneur et à sa fierté.

Le développement de l'« État providence » a brisé les solidarités traditionnelles avec leurs liens de dépendance

1. Charles Péguy, *L'Argent* (1913), in *Œuvres en prose complètes, t. III*, Gallimard, Bibliothèque de la Pléiade, 1992, p. 811.

interpersonnels au profit de mécanismes institutionnels de solidarité, garantissant une sécurité à l'individu quand celui-ci se retrouve sans emploi. Mais cette situation n'en a pas pour autant fait disparaître l'importance du travail dans le rapport à soi-même et à la collectivité, le sentiment plus ou moins conscient de « déshonneur » de ceux qui vivent de l'aide sociale.

L'absence prolongée de travail peut entraîner l'individu dans une spirale délétère qui le désocialise et le coupe de la collectivité. Combiné avec la décomposition familiale et l'érosion des anciennes formes de solidarités collectives liées à l'appartenance de classe et aux lieux d'habitation, le chômage prolongé aboutit souvent à ce que j'ai dénommé un phénomène de « déglingue[1] ». Par ce terme familier, j'ai voulu distinguer les nouvelles formes de précarité sociale de la pauvreté ancienne, en soulignant un état de désaffiliation et de déstructuration identitaire, une dégradation du rapport à soi-même et aux autres qui se répercutent dans la vie en société. Ce phénomène n'est plus marginal ; il n'est pas seulement marqué par une misère matérielle mais par l'esseulement, le sentiment d'être socialement inutile et rejeté du monde commun, quand bien même l'aide sociale permet aux chômeurs de vivre matériellement beaucoup mieux que par le passé. Pour ceux qui sont, comme on le dit parfois, « les plus abîmés », la « remise au travail » ne va pas de soi, dans la mesure où elle implique des comportements sociaux et des habitudes acquis dans la famille et dans la collectivité qui se sont dégradés avec l'inactivité et la perte des liens sociaux. Comme le dit

1. Jean-Pierre Le Goff, « Pauvreté et "déglingue" », in *La Fin du village, op. cit.*, p. 436.

si bien le responsable des affaires sociales de la mairie que j'ai interviewé lors de mon étude sur la « fin du village » : « Avant, on était pauvre, on faisait un travail dur, mais on le faisait et on avait l'honneur de pouvoir s'acheter son paquet de cigarettes. Le travail des pauvres n'existe plus et ils ont le sentiment de n'être rien dans la société. Les gosses entendent : "Fais pas maçon, fais pas paysan, c'est dur et ça vaut rien..." Maintenant, on veut leur redonner le goût du travail, mais il faudra une génération ou deux pour redonner le goût du travail aux Français[1]. »

La réalité quotidienne de ceux qui sont sans emploi est à l'inverse des utopies de la fin du travail : avec le chômage, le temps dit libre n'est pas un temps « libéré » mais, désarticulé du temps de travail, il devient un temps de désœuvrement et d'ennui[2]. La perte de son travail fait apparaître en contrepoint l'importance de cette activité pour la vie individuelle et sociale. Les stages de formation pour les sans-emploi, pour nécessaires et utiles qu'ils soient, ne peuvent en tenir lieu. J'ai pu moi-même mesurer les drames personnels et familiaux qu'entraînait le chômage au contact d'anciennes ouvrières dans le Nord-Pas-de-Calais à la fin des années 1970. La situation de chômage tendait à valoriser leur ancienne activité, quand bien même celle-ci s'exerçait dans des conditions difficiles. Les formations n'étaient pas seulement un moyen d'acquérir ou de développer des compétences, elles permettaient de sortir de la solitude et du repli sur soi,

1. Jean-Pierre Le Goff, *La Fin du village. Une histoire française*, *op. cit.*, p. 437.

2. Paul Yonnet, « Théorie ethnographique du loisir », in *Travail, loisir. Temps libre et lien social*, *op. cit.*, p. 33-34.

d'échanger des expériences, de renouer des liens collectifs. Ces aspects étaient, en fait, tout aussi importants que l'acquisition des compétences dans une situation économique dégradée qui ne laissait guère d'illusions quant aux possibilités réelles de retrouver un emploi, d'autant plus que l'âge était de fait considéré comme un facteur discriminant. La fin des stages de formation était vécue comme le retour angoissé à une situation d'isolement et de vide, la perte de liens qui, l'espace d'un moment, avaient permis d'oublier sa propre situation et de se réinsérer dans un collectif.

Au début des années 1980, les « stages jeunes 16-18 ans » dans la banlieue parisienne m'ont permis de connaître une autre situation. Pour ces jeunes en échec scolaire, la question n'était pas seulement l'acquisition de compétences professionnelles. Celle-ci supposait en préalable une « socialisation » qui, pour une partie d'entre eux, était loin d'être acquise. Dans ces conditions, contrairement aux illusions de l'époque, la pédagogie ne pouvait pas magiquement leur faire acquérir des compétences professionnelles et leur permettre d'obtenir un CAP. Il fallait d'abord affronter une situation de déstructuration anthropologique qui n'était pas seulement liée à l'échec scolaire, mais à des situations familiales décomposées et à une situation d'errance et de « galère[1] ».

Dans les familles où les parents sont sans emploi, le rapport enfant/adulte est altéré. Les difficultés économiques et sociales ne sont pas seules en cause, c'est l'image même de l'autorité et le modèle identificatoire qui sont en même temps ébranlés. Nombre d'éducateurs et d'enseignants ont pu l'observer : une famille vivant du

1. François Dubet, *La Galère : jeunes en survie,* Fayard, 1987.

RMI et de l'aide sociale ne constitue pas un modèle valorisant et sécurisant pour l'enfant ; les parents semblent pouvoir vivre sans travailler et cette situation peut se répercuter sur le comportement de l'enfant à l'école.

Adolescence et formation

Antérieurement, l'entrée dans le monde du travail – avec le mariage et le service militaire obligatoire pour les garçons – constituait une sorte de rite de passage dans le monde des adultes et dans la collectivité. Avec l'allongement de la durée globale de la scolarité et des études, la période de l'adolescence, moment transitoire et délicat, s'est prolongée et le chômage qui touche les jeunes générations a accentué ce phénomène. Études, chômage et hausse des prix des loyers se conjuguent dans cette période de la vie marquée par une dépendance prolongée vis-à-vis de la famille et la difficulté à tisser de nouveaux liens sociaux, le phénomène de bande servant souvent de substitution.

D'une façon générale, plus les études sont longues, plus les chances de trouver un emploi sont importantes, mais la période d'attente n'a cessé de s'allonger. L'objectif de 80 % d'une classe d'âge au niveau du baccalauréat, concomitant avec la création du bac professionnel en 1985, a créé des effets pervers aboutissant à considérer que l'obtention du baccalauréat suivie des études à l'université constituait une sorte d'assurance et de voie royale pour trouver du travail, au détriment de l'apprentissage, des CAP et des BEP.

Les jeunes qui ne parvenaient pas à suivre des études prolongées jusqu'au bac se sont retrouvés dans l'impasse.

Les filières professionnelles dans leur ensemble ont été socialement dévalorisées au détriment d'un modèle uniforme de l'excellence qui, loin de parvenir à l'égalité des chances dont il se réclame, aboutit à une sélection par l'échec. L'idée démagogique d'un « droit à la réussite pour tous » a renforcé cette situation. L'enseignement professionnel est devenu une filière de relégation pour les jeunes en situation d'échec scolaire et cette situation a contribué un peu plus à dévaloriser cet enseignement dans l'opinion publique.

Dans le même temps où le chômage n'a cessé de progresser, le travail manuel s'est trouvé dévalorisé. La nouvelle figure du communicant et du manager a pris le pas sur celle de l'ouvrier et du technicien. À l'ancien modèle de la promotion sociale fondé sur l'acquisition d'un métier de base et d'une solide culture générale s'est substitué un modèle de la réussite qui laisse plus ou moins penser que l'acquisition de « compétences transversales » sans ancrage professionnel et technique, la communication et l'image peuvent tenir lieu d'identité professionnelle.

Pour ceux qui ont pu continuer leurs études à l'université – tout particulièrement dans les sciences humaines et sociales qui connaissent le plus de difficultés en termes de débouchés professionnels –, la pression du chômage et la concurrence qu'il entraîne sur le marché du travail amènent à accepter des emplois sans rapport avec le niveau d'études. Cette déqualification entraîne chez les jeunes diplômés un sentiment de rancœur et de ressentiment envers l'État et les institutions.

Ceux qui ont suivi tant bien que mal des études en sciences humaines et sociales peuvent chercher des débouchés professionnels dans de nouvelles activités liées à la formation, aux activités d'audit et de conseil, à la communication… Celles-ci se sont développées en même temps que le chômage de masse et jouent, dans ce domaine, avant tout un rôle d'accompagnement social et d'assistance. Elles ont abouti à un phénomène paradoxal : le chômage de masse a créé de l'emploi pour ceux dont la profession consiste précisément à accompagner les demandeurs d'emploi ou à étudier le problème du chômage sous tous les angles en cherchant des solutions.

Il faudrait pouvoir recenser le nombre de rapports d'études, d'articles, de réunions, de colloques portant sur les « compétences » et les « emplois » de toute nature (industriels, de service, territoriaux…), sur les projets de création d'activités d'« utilité sociale », sur les multiples dispositifs d'insertion et de formation et leurs bilans à n'en plus finir… qui ont été produits depuis quarante ans, et les mettre en rapport avec les statistiques du chômage pendant la même période. Le jargon gestionnaire et technocratique ne peut masquer l'indigence des résultats. Les « métiers flous » de l'accompagnement social du chômage n'en continuent pas moins d'exister, gérant tant bien que mal un chômage de masse que les politiques se sont montrés jusqu'à présent impuissants à juguler. Au fil des ans, le chômage de masse est devenu une sorte de fatalité vis-à-vis de laquelle on avoue son impuissance après que « l'on a tout essayé », ou encore un « fléau » que l'on entend combattre, en promettant que cette fois-ci sera la bonne, pourvu que les Français soient patients…

Une société décomposée

Le chômage de masse qui sévit depuis quarante ans a dessiné l'image d'une société décomposée. Il y a ceux qui « ont la chance » d'avoir un emploi et ceux qui n'en ont pas, ceux qui vivent de « petits boulots » dans l'instabilité et la précarité et ceux qui disposent d'un statut et d'un emploi stables, ceux qui sont fonctionnaires et ceux qui travaillent dans le privé... Le chômage de masse a également creusé le fossé entre les anciennes générations qui ont connu la période des Trente Glorieuses, bénéficient d'une retraite dans de relatives bonnes conditions, et les jeunes touchés par le chômage. Ces derniers considèrent qu'ils participent d'une génération sur laquelle pèse le poids de la crise, alors que leurs aînés ont pu vivre leur jeunesse dans une relative insouciance et auront travaillé moins longtemps, d'où l'idée d'une sorte d'« injustice générationnelle[1] » ou d'une « spoliation des jeunes par les vieux[2] ». De leur côté, les parents ou les grands-parents ont le sentiment de laisser à leurs enfants un monde plus dur qu'ils ne reconnaissent plus, comme si le cours du progrès s'était définitivement inversé.

Cette division se retrouve au sein même des entreprises. Au travers des plans de restructuration, des mises à la retraite anticipée et des licenciements, une nouvelle catégorie de salariés est née : celle dont l'âge se situe autour de la cinquantaine. Cette catégorie d'âge, liée à un faible niveau de qualification, paraît être hors des normes des nouveaux critères de la compétitivité

1. Louis Chauvel, *Le Destin des générations. Structure sociale et cohortes en France au XXe siècle*, PUF, 1998, p. 246.

2. *Ibid.*

et de la performance ; ce qu'on appelle désormais son « employabilité » fait problème. Pour garder son emploi ou en changer, la mobilité géographique est devenue une valeur clé. Les jeunes sans charges de famille ou les cadres supérieurs mondialisés ne semblent apparemment pas la craindre ; ils peuvent y trouver des compensations en termes de revenus, d'expérience humaine et professionnelle. Il n'en va pas de même pour les salariés aux qualifications faibles, âgés de cinquante ans ou plus, qui se retrouvent au chômage avec une famille qui vit ou travaille sur place, n'ont pas fini de rembourser les emprunts contractés pour l'achat d'une maison et demeurent attachés au pays par des liens familiaux et amicaux.

Ces fractures sociales et culturelles recoupent largement les fractures géographiques entre les métropoles mondialisées et les régions devenues des déserts industriels, les zones rurales éloignées des bassins d'emploi les plus dynamiques[1]... Dans les régions les plus touchées par le chômage, c'est le creuset (tout à la fois économique, social et culturel) dans lequel s'inséraient les rapports sociaux et qui faisait la dynamique de la vie collective qui est atteint au plus profond. Il en résulte un désespoir social, un sentiment de vide et d'abandon que ni les animateurs, ni les formateurs, les médecins, les psychologues ne parviennent à réduire. Avec le chômage de masse, ce n'est pas seulement toute une culture liée à l'histoire du mouvement ouvrier, avec ses traditions de solidarité et de sociabilité, qui s'est trouvée mise à mal, c'est l'ethos collectif de la société et l'idée même

1. Christophe Guilluy, *Fractures françaises*, *op. cit.*, et *La France périphérique*, *op. cit.*

d'un avenir commun porteur d'un progrès économique et social.

Beaucoup de salariés de plus de cinquante ans au chômage ne se font guère d'illusions, malgré les différents stages de remotivation, de remise à niveau, de reconversion vers d'autres activités. Certains se résignent à vivre tant bien que mal – avec les aides sociales ou/et à travers des petits boulots –, jusqu'à l'âge légal de la retraite, dont les allocations se trouveront elles-mêmes réduites du fait des années sans emploi. Les aides sociales et les formations proposées représentent un pis-aller, toujours bon à prendre et utile, mais qui ne répondent pas au besoin fondamental d'avoir un travail pour retrouver la confiance en soi en gagnant sa vie et en se sentant utile à la collectivité.

Les différents dispositifs mis en place ont cherché à créer de nouveaux emplois couvrant des besoins sociaux dans les secteurs de la santé, des services à la personne, des loisirs, de la culture… Mais cette perspective ne peut résoudre à elle seule le chômage de masse dans des régions ouvrières où subsistent des savoir-faire et une culture liés à l'industrie, ou encore dans des quartiers où une partie de la jeunesse est désocialisée. Les nombreux plans de formation et de reconversion n'ont pas réussi à compenser les milliers d'emplois perdus. Dans ces conditions, on comprend que les catégories populaires aient le sentiment d'être des laissés-pour-compte. Elles se sont retrouvées dans une situation de précarité et d'insécurité qui peut laminer l'estime de soi et constitue un terrain favorable à la démagogie et à tous les extrémismes.

La différence entre l'ancien et le nouveau monde est telle que les générations anciennes et celles de l'après-guerre ont du mal à s'y retrouver et constatent une situation qui déstabilise leurs repères et leur mentalité. La pression du chômage a entraîné l'érosion des valeurs et des traditions de solidarité au sein même du monde ouvrier. Avec les fermetures d'usines et les délocalisations, des conflits sociaux atypiques sont apparus, marqués par le désespoir et le chantage à la destruction pour obtenir de meilleures conditions de licenciement. On a vu des patrons et des salariés lutter côte à côte pour s'opposer à la fermeture de leur entreprise ; des salariés d'un même groupe industriel agroalimentaire travaillant dans des usines différentes dont l'une devait cesser son activité se sont affrontés sous l'œil des caméras de télévision.

Dans le même temps, on a assisté, comme l'a notamment souligné Robert Castel[1], à la précarisation du travail, au développement de formes atypiques d'emploi (intérim, travail à temps partiel, CDD de courte durée…) en réponse aux aléas et aux fluctuations du marché. Ces nouvelles formes d'emploi flexibles sont symptomatiques de l'effritement de la condition salariale qui articule travail, statut et protection sociale, et plus précisément du compromis social élaboré dans la période de croissance économique des « Trente Glorieuses ». Dans ce nouveau contexte, le patronat fait valoir ses orientations, considérant qu'un certain nombre d'avantages sociaux, acquis dans un tout autre contexte économique, sont devenus des freins à la compétitivité et à l'emploi.

---

1. Robert Castel, *Les Métamorphoses de la question sociale. Une chronique du salariat,* Fayard, 1995, p. 384.

Le travail humain

Le travail n'est pas seulement devenu plus rare et plus précaire, il s'est transformé en l'espace d'un quart de siècle au point de devenir méconnaissable pour les plus anciens. En une trentaine d'années, les changements opérés sont considérables et concernent l'ensemble des aspects de la production de biens et de services. Le travail nécessite moins d'effort physique qu'auparavant ; il exige une attention plus soutenue dans l'activité et une implication plus grande dans les rapports de travail. Les compétences requises ne sont plus seulement de l'ordre des connaissances techniques et des savoir-faire, mais requièrent des capacités cognitives et de communication liées aux nouvelles technologies, à l'analyse et à la résolution collective des aléas de la production. Le décloisonnement et la coordination accrue entre les différents services, la multiplication des réunions collectives, l'attention plus grande portée aux exigences de l'usager ou du client font que les relations occupent une part importante de l'activité.

Ces évolutions bien réelles donnent lieu à des discours managériaux et technocratiques sur le changement qui font l'impasse sur ce qui donne du sens pour ceux qui travaillent. Le travail n'est pas seulement un processus à rationaliser, il n'est pas une pure question de technique ou de compétences, pas plus que le management n'est un simple problème de gestion et de mobilisation de la ressource humaine. Le travail, pour opérationnel et pragmatique qu'il soit, baigne dans un univers de significations qui n'est pas une superstructure ou un supplément d'âme venant s'ajouter de l'extérieur à un processus purement fonctionnel et mécanique : « Il n'y a pas un règne du travail et un empire de la parole qui se limiteraient du dehors, mais il y a une puissance de la parole qui traverse et pénètre tout l'humain, y compris la machine, l'outil et la main[1]. »

L'analyse du travail en termes de conditions économiques et sociales, de classe sociale et de statut, si éclairante soit-elle, risque de demeurer largement aveugle à cette dimension : le travail est aussi un monde dans lequel l'individu se confronte aux limites du possible, entre en coopération et en conflit avec d'autres, acquiert des habitudes et des valeurs constitutives d'une identité individuelle et collective. L'expression « monde du travail » est de moins en moins usitée. Cette évolution est significative, non seulement de l'érosion d'une culture ouvrière, mais de la façon dont aujourd'hui on aborde de plus en plus le travail. Ce ne sont pas seulement les conditions sociales dans lesquelles cette activité se développe qui ne sont plus prises en considération, mais l'expérience humaine qu'elle constitue, la trame des rapports humains qu'elle tisse. Or ce monde-là du travail est signifiant pour ceux qui travaillent.

Cette dimension anthropologique ne présage pas des conditions concrètes et du contexte économique et social dans lesquels s'exerce l'activité. Mais sa prise en compte est essentielle pour comprendre l'importance du travail pour les individus et la vie en société. Le travail tel qu'il était pratiqué dans l'ancien monde peut précisément nous aider à mieux saisir ce qui rend le travail humain et perdure aujourd'hui malgré les bouleversements qu'il a connus dans le courant du XXe siècle.

---

1. Paul RICŒUR, « Travail et parole », *Histoire et vérité*, Seuil, 1955, p. 212.

L'intérêt pour le « bel ouvrage »

La conception du travail qui a longtemps prévalu et constitue une sorte de modèle idéal disparu se réfère à celui de l'artisan, qui lui-même trouve ses racines dans les corporations du Moyen Âge. Un texte de Péguy sur les rempailleurs de chaise me paraît bien condenser cette conception : « J'ai vu toute mon enfance rempailler des chaises exactement du même esprit et du même cœur, et de la même main, que ce peuple avait taillé ses cathédrales [...]. Ces ouvriers ne servaient pas. Ils travaillaient. Ils avaient un honneur, absolu, comme c'est le propre d'un honneur. Il fallait qu'un bâton de chaise fût bien fait. C'était entendu. C'était un primat. Il ne fallait pas qu'il fût bien fait pour le salaire ou moyennant le salaire. Il ne fallait pas qu'il fût bien fait pour le patron ni pour les clients du patron. Il fallait qu'il fût bien fait lui-même, en lui-même, pour lui-même dans son être même. Une tradition, venue, montée du plus profond de la race, une histoire, un absolu, un honneur voulait que ce bâton de chaise fût bien fait. Toute partie, dans la chaise, qui ne se voyait pas, était exactement aussi parfaitement faite que ce qu'on voyait. C'est le principe même des cathédrales[1]. »

Cette description ne peut manquer d'apparaître non seulement en décalage avec la réalité d'aujourd'hui, mais comme une vision idéalisée du travail de l'ancien monde qui laisse de côté les conditions concrètes de cette activité. Pour autant, Péguy met en lumière une caractéristique essentielle que j'ai pu retrouver dans mon étude sur le village de Cadenet, qui fut longtemps un village de vanniers.

1. Charles Péguy, « L'Argent », *Œuvres en prose complètes, op. cit.*, p. 791-792.

Le soin accordé à l'ouvrage, la qualité du tissage et de la finition étaient différents selon les individus, leurs effets étaient directement visibles dans l'objet produit et, pour parfaire le tout, les vannières imprimaient leur marque personnelle en signant certaines pièces qu'elles avaient fabriquées : « Chaque fois que je vois un fauteuil de l'époque, je ne peux me retenir de le retourner, parce qu'il y a toujours marqué sur un bâton horizontal, qui soutient le siège en général, le prénom de l'ouvrière qui l'a fabriqué. C'était une manière de reconnaître la fabrication et son origine. On donnait un coup de serpette et on marquait le prénom. [...] C'est un geste qui est tellement classique que je le refais systématiquement, et qui m'émeut à chaque fois parce que je retrouve les prénoms des personnes quelquefois disparues, ça m'émeut beaucoup[1]. »

Ces paroles font écho à la distinction opérée par Hannah Arendt entre le travail et l'œuvre dans *Condition de l'homme moderne*[2] : alors que le travail reste essentiellement lié à la nécessité de pourvoir aux besoins de la vie et produit avant tout des objets de consommation qui ne durent pas, l'œuvre amène une satisfaction d'un autre ordre avec la fabrication par les mains de l'homme d'objets stables et durables qui constituent autant de repères familiers pour la vie humaine. La production de l'« œuvre » procure de l'assurance et peut être « source de confiance en soi pendant toute une vie »[3]. Quoi qu'on puisse penser du caractère trop tranché

1. Henry Barthélemy, *in* Conseil général de Vaucluse, *Documents pour la vannerie en Vaucluse. Paroles de vanniers*, Avignon, 1990, p. 55.

2. Hannah Arendt, *Condition de l'homme moderne*, Calmann-Lévy, 1988.

3. Hannah Arendt, *Ibid.*, p. 157.

de cette opposition entre travail et œuvre opérée par Hannah Arendt, elle n'en met pas moins en lumière un facteur essentiel de l'intérêt au travail qui sort du cadre psychologique de la motivation aujourd'hui dominant pour prendre en considération la nature et la qualité de l'objet produit.

Cette dimension est encore bien présente dans le secteur du bâtiment, malgré l'industrialisation et la rationalisation du travail. Pour les jeunes des lycées professionnels du bâtiment, la construction d'un mur dans les ateliers de l'école qui sera ensuite détruit n'a rien à voir avec celle d'un « vrai mur », pour un bâtiment fait pour durer, être vu et apprécié par tous. Les ouvriers que j'ai interviewés dans les années 1980 qui avaient participé à la construction du pont de l'île de Ré, de l'Arche de la Défense, de la Pyramide du Louvre ou de l'Opéra Bastille éprouvaient de la fierté d'avoir participé à ces constructions grandioses malgré des conditions de travail difficiles dans le gros œuvre.

Dans le secteur industriel, et plus précisément dans une grande entreprise automobile, bien que l'activité de travail et les produits soient différents, j'ai pu également constater que les ouvriers ne s'impliquaient pas pareillement selon l'objet produit ; la participation à la fabrication d'un type de voiture haut de gamme en nombre limité, avec un soin particulier accordé à la finition qui suppose un travail manuel, suscitait un intérêt et une fierté qu'on ne trouvait pas pour des produits plus bas de gamme.

La nature du produit, sa qualité, son caractère esthétique et la valorisation sociale dont il fait l'objet, la reconnaissance du travail bien fait restent des facteurs déterminants de l'intérêt pour le travail dans les conditions modernes de la production et ne sont pas réductibles à la « satisfaction client ».

Entraide et sociabilité

Les rapports humains tissés dans le travail constituent un autre élément qui donne du sens à cette activité. Dans l'ancien monde de la vannerie, le rapport avec le patron restait de proximité et son autorité était d'autant plus facilement reconnue qu'il connaissait bien le métier : « C'est un homme qui, quand même, avec un morceau de manille, va vous faire ce que vous voulez. C'est pour ça que j'ai de l'estime pour lui[1]. » Son paternalisme, ses « coups de gueule » et ses méthodes d'apprentissage n'étaient pas appréciés, mais un lien personnel existait et son autorité était basée avant tout sur une compétence professionnelle reconnue.

Au sein des ateliers, les contraintes du travail collectif en continu étaient bien réelles, mais elles n'empêchaient pas l'entraide. Si les divisions et les jalousies entre ouvrières plus ou moins habiles existaient, la participation à une même condition favorisait la solidarité. Les plus habiles pouvaient ainsi aider les retardataires à combler le retard et faire en sorte que leur paie soit suffisante[2].

Enfin, tous les témoignages le soulignent : les ateliers demeuraient des lieux de libre sociabilité qui permettaient de relativiser ces contraintes. Les ateliers étaient remplis de bavardages, de blagues et de chants. Ces ateliers

---

1. Claude TRAMIER, *in* CONSEIL GÉNÉRAL DE VAUCLUSE, *Documents pour la vannerie en Vaucluse. Paroles de vanniers*, p. 78.
2. Claude TRAMIER, *ibid.*, p. 75-76.

étaient le « dernier salon où l'on cause[1] » des choses du quotidien en travaillant ; les commérages allaient bon train sur les amours, les disputes, les grands et les petits drames de la vie quotidienne.

Mais l'élément le plus frappant, en regard de la situation actuelle, est le fait que les ouvriers travaillaient en chantant. Les chants faisaient partie intégrante de la vie au travail, même quand il s'effectuait dans les pires conditions. La spécificité de la vannerie et l'absence du bruit des machines ne sont pas seules en cause dans ce phénomène. Si étonnant que cela puisse paraître maintenant, la bonne humeur et la gaieté étaient aussi constitutives du travail, malgré les longues journées, les faibles salaires et les conditions difficiles.

La détente et ce qu'on appelle désormais le loisir n'étaient pas alors totalement séparés et opposés au travail. Ils n'étaient pas simplement un temps nécessaire à la « reproduction de la force de travail », ou encore, comme c'est le cas aujourd'hui, un temps de l'« épanouissement personnel » paradoxalement meublé d'activités multiples. Le temps libre – c'est-à-dire libéré des contraintes du travail – prolongeait et développait sur d'autres plans l'échange et la connaissance mutuelle qui faisaient le sel de la vie. La morale du labeur dont nous avons parlé plus haut n'était pas synonyme de tristesse mais s'accompagnait au contraire d'une franche gaieté : « On disait : "on rit beaucoup mais on gagne pas beaucoup", ce qui était vrai, mais dans l'ensemble on était heureux[2]. » On comprend dans ces conditions qu'on puisse être nostalgique de ce temps passé, à la fois dur et joyeux.

---

1. Henry Barthélémy, *op. cit.*, p. 52.
2. Claude Tramier, *op. cit.*, p. 77.

Bien plus encore que l'intérêt pour le bel ouvrage, l'importance accordée à la qualité des rapports humains dans le travail est encore présente aujourd'hui. J'ai pu le vérifier de nombreuses fois dans les enquêtes que j'ai menées dans le secteur de l'industrie et du bâtiment. Certains salariés travaillant dans des conditions difficiles et soumis à des délais contraignants refusaient de changer d'équipe pour une autre aux conditions de travail plus faciles parce qu'ils s'entendaient bien avec leur chef et leurs collègues, « aimaient bien l'ambiance » qui y régnait. À l'inverse, la mésentente est un facteur clé de ce qu'on appelle la démotivation, qui, contrairement à ce que laisse entendre cette notion, ne renvoie pas à de purs motifs psychologiques, mais à l'activité elle-même.

Dans les entreprises, l'activité de travail est encadrée et normée, en même temps qu'elle est composée d'aléas et d'arrangements informels avec les normes prescrites. Le « travail prescrit » ne correspond jamais entièrement au « travail réel » et, au sein de ce dernier, les salariés se constituent leur propre zone d'autonomie et d'initiative. Il existe ainsi une manière de gérer et de travailler ensemble qui échappe aux normes fixées ; la résolution collective des problèmes pratiques de la production implique la coopération et l'entraide. Ces aspects sont aussi des facteurs de l'intérêt pour le travail.

Enfin, même si les choses ont évolué depuis des années, les ateliers et les bureaux demeurent des lieux de libre sociabilité. L'activité de travail est entrecoupée de pauses et de moments de convivialité : on prend du temps pour boire un café, on peut trinquer lors d'événements comme les naissances, les mariages, les anniversaires, les départs… Les discussions sur la vie non professionnelle sont également nombreuses et variées : relations familiales, éducation des enfants, vacances, santé, sport, jardinage et bricolage... Toutes ces paroles échangées et ces pratiques échappent à la logique de la production et à son encadrement. Face aux normes du travail productif, les salariés reconstituent ainsi leur propre espace de liberté et font de l'entreprise autre chose qu'un espace contraint soumis au processus de production.

Premières ruptures

Ces dimensions de l'activité de travail qui l'humanisent et lui gardent figure humaine se sont trouvées confrontées à des évolutions et des contraintes nouvelles qui ne datent pas d'aujourd'hui.

Avec la révolution industrielle et le développement du machinisme, l'activité de travail, basée antérieurement sur le geste et l'outil qui permettaient au travailleur de rester maître de son rythme et de son « tour de main », va se trouver désormais engrenée à la machine qui détermine à son tour le rythme et les gestes. Les anciens métiers qui restaient complets vont éclater sous l'effet d'une rationalisation du travail et d'une division des tâches de plus en plus développées.

Cette division des tâches a été poussée à l'extrême avec le taylorisme, considéré comme un modèle « scientifique » de l'organisation du travail dans la période de l'expansion de la production de masse. Il a produit du « travail en miettes » en découpant et réduisant l'activité aux gestes les plus élémentaires mesurés en un quantum de temps ; il a procédé à une stricte division des tâches de conception et d'exécution et il s'est traduit par le développement d'un personnel d'encadrement chargé de faire appliquer le rendement… Telles sont les caractéristiques les plus connues du taylorisme. Ford va généraliser cette méthode en l'appliquant aux grandes entreprises, en mettant en place le travail à la chaîne qui va permettre à la production de masse de prendre son essor.

En France, c'est surtout après la Seconde Guerre mondiale, dans la période des Trente Glorieuses, que le taylorisme et le fordisme se sont constitués en modèle dominant.

Les critiques qui se sont développées depuis lors ont souligné à juste titre la déshumanisation du travail qu'impliquaient ces nouvelles formes d'organisation. On ne saurait cependant réduire le taylorisme et le fordisme à ces aspects déshumanisants sans prendre en compte dans le même temps le type de contrat taylorien et les aspects sociaux du fordisme.

La méthode taylorienne entend concourir au plus grand bonheur de l'humanité pour développer la productivité, gagner une valeur ajoutée aussi grande que possible dont l'ouvrier recevra une part sous la forme d'un salaire supérieur à celui qu'il recevait auparavant, à la condition expresse, non négociable, qu'il applique strictement les temps qui lui sont impartis pour réaliser des tâches parcellisées. Si paradoxal que cela puisse paraître, le taylorisme se veut un système « gagnant-gagnant », comme on dirait aujourd'hui : la direction obtient un bénéfice plus important, les consommateurs un prix de vente moins élevé et les ouvriers (qui sont aussi des consommateurs) un salaire plus élevé. Ford a quant à lui mis en œuvre le principe de *five dollars a day* (cinq dollars par jour) et veillé à la prise en charge des travailleurs dans la vie hors du travail.

L'augmentation de la production, du bien-être matériel et de la consommation s'est effectuée au prix d'une individualisation et d'une déshumanisation du travail, de la destruction des savoir-faire et des solidarités traditionnelles. Tel est l'un des paradoxes du taylorisme et du fordisme qui permettent de comprendre pourquoi ceux-ci ont pu, malgré les résistances, se mettre en place et se développer pendant toute une partie du XXe siècle.

Au tournant du nouveau monde

Le développement de la production et de la consommation après la Seconde Guerre mondiale marque une rupture historique avec le paupérisme, en même temps que vont apparaître, au début des années 1970, des aspirations nouvelles qui entrent en contradiction avec l'ordre productif issu du XIXe siècle et le modèle taylorien.

Dans le sillage de Mai 1968, cette crise est d'abord sociale et culturelle. Dans les grandes entreprises, les anciennes générations avaient pu accepter le contrat taylorien, avec toutes les rigueurs du travail à la chaîne, parce qu'elles pouvaient obtenir une compensation en termes de salaire, de sécurité de l'emploi, d'accès au bien-être et à la consommation. Pour les générations nouvelles élevées et éduquées dans ce nouveau contexte, ce contrat ne va plus de soi. La crise du modèle taylorien se manifeste alors par le développement de l'absentéisme et du turnover, la révolte des ouvriers spécialisés à travers une série de conflits violents dans des entreprises de production de masse, en particulier l'automobile, où les méthodes tayloriennes sont massivement appliquées.

Le rapport Sudreau *La Réforme de l'entreprise*[1] (1975) dresse un constat particulièrement frappant de cette crise : « Au moment où se présentent sur le marché du travail des jeunes disposant d'une formation professionnelle et générale beaucoup plus complète que celle de leurs aînés, le contexte comme le contenu de certaines tâches apparaissent insupportables. [...] Désormais, le débat porte non plus seulement sur la répartition des fruits de l'entreprise, mais sur les relations du travail qu'elle institue à la base, sur les contraintes qu'engendre son organisation et sur l'exercice et la dévolution du pouvoir de direction[2]. » Ce rapport ne constate pas seulement les difficultés que rencontre l'exercice classique du commandement envers de jeunes travailleurs qui supportent mal les contraintes de l'organisation hiérarchique et la discipline collective de toute organisation (y compris syndicale), mais il souligne aussi le développement d'« aspirations nouvelles » à l'autonomie, la « dénonciation du productivisme », le « refus d'une vie sans perspective d'épanouissement personnel »... Dans le sillage de Mai 1968, de jeunes ouvriers font ainsi valoir un type d'individualité qui ne se reconnaît plus vraiment dans la culture ouvrière et le militantisme traditionnel de l'ancien monde. Ils veulent faire entendre leur voix et affirment un « droit au bonheur » individuel qui ne supporte plus l'ordre productif ancien. Les directions des entreprises devront tant bien que mal s'y adapter.

1. *La Réforme de l'entreprise,* Rapport du comité présidé par Pierre Sudreau, constitué à l'initiative du président Valéry Giscard d'Estaing, Union générale d'éditions, 1975.

2. *Ibid.*, p. 22, 34 et 35.

Un autre facteur essentiel s'ajoute très vite à cette nouvelle donne sociale et culturelle : la crise économique et le ralentissement de la croissance au milieu des années 1970. Le système taylorien adapté à une production de masse standardisée entre en contradiction avec la nécessité de s'adapter rapidement aux aléas du marché et de répondre aux exigences de diversité et de qualité de nouvelles générations de consommateurs. De nouvelles formes d'organisation du travail plus souples sont mises en place qui réduisent les lignes hiérarchiques, opèrent des décloisonnements entre services, valorisent la polyvalence, l'enrichissement des tâches ; une part d'autonomie est accordée aux équipes de travail pour la gestion des objectifs de production. Le développement des nouvelles technologies s'insère dans ce processus et l'accélère. Dans les années 1980, celles-ci, et plus particulièrement l'informatique, parachèvent la crise du modèle taylorien[1]. Ces technologies accentuent la remise en question du système pyramidal au profit d'une organisation en réseau, en même temps qu'elles individualisent et autonomisent le travail au détriment des anciens rapports directs de coopération et de sociabilité.

Dans le même temps, un nouveau modèle d'encadrement émerge. Au modèle antérieur, quasi militaire, avec ses chefs – du chef du personnel aux petits chefs d'équipe –, tend à se substituer une figure moins autoritaire. L'attention est désormais portée à la motivation, la communication, la gestion des conflits… Les

1. Ce qui ne veut pas dire que le taylorisme a disparu. Il est encore présent dans les entreprises, notamment dans le secteur de l'industrie agroalimentaire, mais il ne constitue plus un modèle dominant et peut se combiner avec de nouvelles formes d'organisation du travail.

départements de formation et de communication vont grandir dans les grandes entreprises. Tout un nouveau vocabulaire fait son apparition : les ouvriers deviennent des « agents de production », les cadres des « collaborateurs », les contremaîtres des « animateurs d'atelier », les chefs du personnel des « gestionnaires de la ressource humaine »...

Telles sont les lignes forces d'une mutation qui, si elle n'a pas concerné l'ensemble des entreprises, n'en a pas moins abouti à une nouvelle figure de l'ordre productif. L'attention accordée à l'individu, les remises en question des « petits chefs » autoritaires et butés, des cloisonnements bureaucratiques, la volonté de prendre en compte les idées des salariés... répondent à des aspirations nouvelles. Pour autant, ce nouvel ordre productif n'en a pas moins produit des effets paradoxaux : le thème de la « gestion des relations humaines » n'a jamais été aussi présent dans le discours du management, en même temps que la « souffrance au travail » et les phénomènes dits de « harcèlement » n'ont cessé de progresser.

Dans une situation économique marquée par l'exacerbation de la concurrence, la production a été ajustée au plus près des exigences du marché, les effectifs ont été réduits, les budgets resserrés et les stocks supprimés pour diminuer les coûts. Produire et vendre au plus vite avec moins d'effectifs et à un moindre coût tout en exigeant une qualité irréprochable : ces objectifs tiennent souvent de la gageure. La culture du chiffre et du client-roi a entretenu pareillement la pression, obligeant à toujours plus de résultats face à des clients de plus en plus exigeants et souvent insatisfaits.

Cette pression et cette intensification du travail dans un contexte de chômage de masse ne sont pas seules en cause dans le mal-être au travail. Sans y voir un lien simpliste de cause à effet, il importe d'essayer de comprendre ce qui, au sein des discours et des pratiques managériales, a généré un mal-être au travail d'un nouveau genre.

Le management qui commence à se faire largement connaître dans les années 1980 prend acte à sa façon de la crise des anciens modèles d'organisation et des évolutions sociales et culturelles. Il veut tenir compte des évolutions structurelles de l'activité et de la nouvelle situation économique, mettre fin à l'ancien système hiérarchique, autoritaire et paternaliste... Mais tout un courant moderniste du management ne s'en tient pas là. Un nouveau discours idéologique voit le jour qui développe un véritable « mythe de l'entreprise » et entend opérer une « révolution du travail » remettant en question les bureaucraties et les rigidités mais déstructurant ce qui précisément donne du sens au travail et lui garde son humanité.

Individualisation du travail et servitude

Un nouveau management n'a de cesse d'appeler à l'autonomie et à la responsabilité en individualisant et contractualisant les rapports de travail, décrivant par le menu les objectifs à atteindre et les bons comportements auxquels se conformer. Cette nouvelle façon de faire bouscule et remet en question une « manière spécifique de gérer et de travailler ensemble », une « logique de l'honneur » propres à la culture française, qui, comme l'a fort bien souligné Philippe d'Iribarne, dicte à chaque groupe professionnel son sens du devoir : « Le subordonné français n'a pas besoin qu'on lui ait fixé une responsabilité pour *se sentir* responsable. Et ce terme n'a pas d'abord pour lui le sens américain des comptes à rendre à quelqu'un d'autre, mais met l'accent sur ce à quoi il estime devoir veiller. [...] Chacun en prend et en laisse en fonction de son appréciation personnelle, sans se sentir vraiment lié par ce qui est écrit[1]. »

Le livre *L'Entreprise individualisée*[2], traduit de l'anglais et publié par l'Institut du management d'EDF-GDF en 1998, offre un condensé remarquable de cette « révolution du travail » et de l'entreprise prônée par tout un courant du management. Les auteurs de ce livre entendent libérer l'individu du système basé sur « la soumission et l'obéissance », du « carcan de l'évaluation hiérarchique », du « paternalisme »... La discipline « émane de la base au lieu d'être imposée par le sommet »[3] ; l'« autodiscipline » est une « norme de performance qui émane de chaque individu »[4]. Cette autonomie et cette responsabilité s'accompagnent néanmoins de la déclinaison des « normes de performances » et des « comportements attendus ». Les procédures d'« autoévaluation » et d'« autocorrection » sont mises en place avec des tableaux de performances comparés et rendus publics, en prenant « pour étalon celles de leurs homologues les plus efficaces »[5].

1. Philippe d'Iribarne, *La Logique de l'honneur. Gestion des entreprises et traditions nationales,* Seuil, 1989, coll. « Points essais », 1993, p. 22-23.

2. Sumantra Ghoshal, et Christopher Bartlett, *L'Entreprise individualisée : une nouvelle logique du management*, Maxima Laurent du Mesnil éditeur, coll. « Institut du management » d'EDF et de GDF, 1998.

3. *Ibid.*, p. 53.

4. *Ibid.*, p. 42.

5. *Ibid.*, p. 55.

Ces bouleversements sont présentés dans le cadre d'un nouveau « contrat psychologique » qui se caractérise tout bonnement par une « inversion du rôle et de la responsabilité » : « Investis de pouvoirs, les employés sont responsables de la compétitivité de l'entreprise et de leur propre apprentissage »[1]. Ce contrat est en même temps un « engagement moral » : « L'entreprise s'engage à donner au salarié les moyens de son développement ; en échange, le salarié accepte de s'impliquer totalement dans l'entreprise »[2].

Ce nouveau contrat psychologique et moral va jusqu'à stipuler : « Si les actifs doivent être réduits, il appartient aux employés les plus concernés par l'opération de le faire ; si les dépenses ont dérapé, ils ont la responsabilité de les réduire ; et si le travail peut être effectué par moins de personnes, la décision d'accroître la productivité ou de diminuer les effectifs leur revient également[3]. » Des salariés « autonomes » s'identifiant totalement à l'entreprise, décidant eux-mêmes, en toute « transparence », de leur propre licenciement : n'est-ce pas là la figure accomplie de l'autoservitude qui va jusqu'au sacrifice ?

Cette entreprise individualisée peut apparaître caricaturale, hors de la réalité. Elle n'en exprime pas moins sous une forme extrême la valorisation de l'autonomie érigée paradoxalement en nouvelle norme. L'injonction répétée à l'autonomie déstabilise les collectifs de travail et les individus. Chacun étant désormais déclaré autonome, l'individu porte le poids de la responsabilité de ses compétences et de ses performances qui sont désormais

1. *Ibid.*, p. 250.
2. *Ibid.*, Quatrième de couverture.
3. *Ibid.*, p. 250.

étroitement liées à son « employabilité ». À la contrainte externe se substitue l'intériorisation des contraintes et des normes. Celles-ci sont censées être le produit d'une libre adhésion de chaque membre de l'entreprise et faire l'objet de contrats impliquant le travailleur dans la réalisation d'objectifs qui débordent parfois le strict plan professionnel pour s'affirmer comme une sorte de nouveau contrat de travail individuel implicite.

Cette injonction à l'autonomie s'accompagne d'outils d'évaluation et de contrôle. Évaluer consiste à mesurer l'écart entre l'objectif fixé et les résultats, grâce à un certain nombre d'indicateurs permettant de quantifier le degré de performance atteint. L'individu n'est pas évalué seulement en fonction du travail accompli, mais aussi en fonction de ce qu'il aurait pu accomplir s'il avait rempli totalement les objectifs. De la sorte, il se trouve constamment « en défaut », et la responsabilité lui en incombe personnellement. Dans cette logique, les problèmes non résolus et l'insuffisance des résultats sont d'emblée considérés comme une faiblesse et une défaillance de l'individu, les conditions objectives dans lesquelles se déroule l'activité étant hors champ ou secondaires. Chacun est censé être constamment au top de ses performances. Et comme les objectifs fixés sont souvent difficiles ou impossibles à atteindre, l'évaluation et la détermination de nouveaux objectifs n'ont pas de fin.

Cette logique de performance individualisée est un facteur important de la dégradation de l'ambiance de travail. Chacun étant préoccupé avant tout par la réalisation de ses objectifs personnalisés, qui paraissent souvent inatteignables, il n'existe plus guère de temps pour s'occuper de ceux qui précisément sont le moins autonomes. Les rapports de coopération et de solidarité dans le travail, la fonction d'encadrement, qui comporte une dimension d'aide et d'assistance, en sont altérés.

Il en va de même des « pauses » et des libres rapports de sociabilité qui sont partie intégrante de la vie au travail, permettant à la fois de développer des liens personnels et d'échanger de manière informelle un ensemble d'informations indispensables au bon déroulement de l'activité.

Les nouvelles méthodes du management moderniste ne sont pas seulement déshumanisantes, elles sont contre-productives et finissent par aller à l'encontre de l'efficacité dont elles se réclament et de l'adaptation nécessaire aux évolutions. Le développement d'une sous-culture issue des milieux de la formation, du conseil et du management va dans le même sens.

Compétences et logomachie

Cette sous-culture est particulièrement manifeste dans l'analyse du travail en termes de compétences. Cette approche a mis en question un type de qualification stable correspondant au modèle productif lié aux « Trente Glorieuses » et valorisé des « savoir-faire » jusqu'alors peu reconnus. Mais elle n'en a pas moins favorisé une approche manipulatrice et technocratique du travail humain et développé une logomachie – semblable à celles des pédagogues modernistes qui sévissent à l'école – qui déstructure le sens commun.

Les « outils d'évaluation de compétences » qui se sont répandus dans l'ensemble des sphères d'activité sont généralement structurés à partir d'un découpage entre les « savoirs » (connaissances théoriques), les « savoir-faire » (compétences ou habiletés acquises dans la pratique professionnelle) et les « savoir-être » (attitudes et comportements), chaque catégorie pouvant donner lieu à des définitions et des débats sophistiqués entre spécialistes dont la signification et la portée échappent aux citoyens ordinaires. Dans cette trilogie, la notion de savoir-être est des plus confuses, mélangeant allègrement les dimensions professionnelles, psychologiques et idéologiques, véhiculant un modèle de bon comportement qui se prête à de multiples usages et manipulations[1].

Le travail humain est mis à plat et découpé en compétences parcellisées, présentées sous la forme d'une longue liste d'items et codifiées dans des schémas alambiqués. Il est tout entier réduit à des mécanismes et à des comportements élémentaires décomposés à l'extrême. L'expérience professionnelle se résume à un processus d'acquisition d'informations, le savoir-faire à des stocks d'énoncés et de procédures que les spécialistes vont s'empresser de formaliser. Le « savoir-être » impliquant les compétences comportementales et relationnelles se trouve intégré lui aussi dans ce modèle. Les « états intérieurs », les sensations, les sentiments… peuvent être pris en compte dans cette logique qui réduit l'homme au travail à une mécanique qu'on pourrait maîtriser et manipuler à loisir[2]. Tout en présentant des caractéristiques nouvelles, le type de découpage de l'activité de travail, l'obsession du classement et le formalisme méthodologique de ces outils

1. Cf. « Chap. 2. Évaluation et déshumanisation du travail », in *La Barbarie douce. La modernisation aveugle des entreprises et de l'école, op. cit.*, p. 24.

2. Cf. « Les outils miracles du management », *in* Jean-Pierre Le Goff, *Le Mythe de l'entreprise,* La Découverte, 1992 et 1995.

ne rompent pas fondamentalement avec la démarche taylorienne.

Les ouvriers, les employés, les techniciens, les ingénieurs, les cadres… se sont ainsi trouvés confrontés à des spécialistes chargés d'analyser leur activité, de redéfinir les « métiers », de développer de « nouvelles compétences » alors que, dans la plupart des cas, ceux-ci n'ont jamais exercé l'activité qu'ils évaluent et que leur « métier » est des plus flous, basé souvent sur un jargon et de multiples « boîtes à outils », bricolage pseudo-savant qui puise dans la pédagogie, le management et les sciences humaines ses arguments d'autorité.

Cette sous-culture managériale a heurté de plein fouet une culture professionnelle pour qui la reconnaissance des capacités de chacun se mesure à l'aune de la qualité du travail effectué, qualité reconnue comme telle par ses pairs et sa hiérarchie au sein d'un collectif de travail. Elle a pareillement perverti les rapports avec l'encadrement, qui subit la logomachie des spécialistes déclarés et apprend à la reproduire à travers les stages de formation.

Antérieurement, les rapports avec les « chefs », les « surveillants » et les « contremaîtres » pouvaient être durs et injustes, l'affrontement et les conflits parfois violents, on n'en continuait pas moins de parler un langage qui maintenait le lien ; les contradictions et les conflits entre dirigeants et dirigés se déroulaient sur fond d'expérience professionnelle et humaine qui pouvait d'autant plus être comprise qu'une bonne partie de l'encadrement était issue de la base. Qu'en est-il aujourd'hui ?

Le jargon du management, de la formation et des « sciences sociales », appris désormais dans des stages pour l'encadrement, a déshumanisé le lien et joué comme un facteur de distinction sociale pour des populations en situation de promotion, dénaturant ainsi l'idée même de promotion sociale au profit de nouvelles formes d'arrivisme. De nombreux jeunes sont aujourd'hui formés au maniement sans états d'âme des outils d'évaluation. Ne disposant pas forcément d'une solide culture générale et d'une expérience professionnelle avant d'entrer en fonctions, ils peuvent être fascinés par le verbiage et les « outils-miracles » du management, se retrouver en situation de conseil, de formateur ou de manager face à des salariés disposant d'une expérience humaine et professionnelle qui leur fait défaut.

La sous-culture des milieux de la formation et du management est aujourd'hui diffusée dans l'ensemble des activités sociales par le biais de nombreux stages de formation, accentuant le divorce qui s'est installé entre spécialistes déclarés et praticiens, entre dirigeants et dirigés, entre communicants et citoyens ordinaires. Ce sont deux mondes, deux univers mentaux qui coexistent et ne parlent plus le même langage.

IV

La culture animée et festive : imaginaire et déculturation du nouveau monde

Un des traits les plus frappants de la France contemporaine réside dans la juxtaposition du chômage de masse et la multiplication des activités de loisirs et des fêtes à un point tel qu'on oublierait presque l'existence de nouvelles formes de précarité sociale et le malaise dans lequel est plongé le pays. En Lorraine, à la fin des années 1980, s'ouvrait un parc d'attractions ayant pour thème le monde des Schtroumpfs, construit sur les terrains d'anciennes usines sidérurgiques. Les politiques de l'époque ont fait valoir la création de nouveaux emplois face à la crise de la sidérurgie lorraine. Le passage de l'ancien au nouveau monde s'effectuait symboliquement comme la fin de l'ancienne culture ouvrière et le triomphe de celle des loisirs aux allures enfantines. Aujourd'hui, nombre de centres culturels et de résidences d'artistes en tout genre se sont installés sur d'anciens lieux industriels, les faisant « revivre » par des activités qui tranchent avec celles du passé.

Chaque année, les grandes métropoles, les villes moyennes, les bourgs et les villages de France deviennent des lieux emblématiques de « fêtes » et d'« événements » culturels divers annoncés à grand renfort de communication. La concurrence est rude pour attirer un maximum de participants et donner l'image d'un dynamisme qui ne faiblit pas. Il s'agit, dit-on volontiers, de « créer » ou de « recréer du lien social », de développer l'« attractivité » des territoires et de créer de nouveaux emplois. On considère ces activités comme un secteur économique à part entière qui se doit d'être performant dans le cadre d'un tourisme de plus en plus mondialisé.

Cette approche économiste passe sous silence l'arrière-fond sociétal de l'activisme festif et culturel qui s'est emparé du pays. Celui-ci s'est développé dans une situation marquée par le développement du chômage de masse et la démoralisation. Le « lien social » qui se noue dans les activités de loisir, les « événements » festifs et les spectacles n'a plus grand-chose à voir avec les rapports tissés dans le travail et les rapports sociaux de l'ancien monde.

L'animation festive et culturelle affirme une nouvelle façon d'aborder la vie – ou plus exactement des façons différentes de « vivre sa vie » et d'« en profiter » –, et de nouvelles conceptions de la « fête » et de la « culture ». Explorer ce domaine du « nouveau monde », c'est se confronter à un étrange univers fantasmagorique, mis en scène, joué et organisé par des « acteurs » d'une société où le « loisir » est devenu le pôle de référence de la « vraie vie », où le spectacle tend à se confondre avec la réalité, et où l'« émotion » partagée tient lieu de « lien social », de « culture » et de « citoyenneté ».

Extension du domaine de la fête

La notion de fête englobe désormais les thèmes, les manifestations et les activités les plus variées, à tel point qu'il est devenu difficile de saisir ce que ce mot peut bien encore signifier. Pour le dire schématiquement, les fêtes de l'ancien monde donnaient lieu à des réjouissances, mais elles demeuraient liées à la religion, au travail agricole, aux corporations, à l'histoire nationale et au mouvement ouvrier ; elles étaient marquées par la prégnance du collectif et de ses rituels et imprégnées d'un caractère sacré religieux ou laïque ; sous différentes modalités, elles réaffirmaient le lien d'une communauté à ses traditions et à son histoire, inséraient d'emblée l'individu dans une collectivité première d'appartenance. Qu'en est-il aujourd'hui ?

Ces anciennes fêtes sont toujours célébrées et portent encore la marque de leurs origines ancestrales, sans que du reste les participants en aient nécessairement conscience. En même temps, elles se trouvent plus ou moins influencées et accompagnées de festivités du nouveau monde qui font valoir d'autres types de valeurs et de célébration. Les exemples ne manquent pas.

Dans les « années Mitterrand », la célébration du bicentenaire de la Révolution a donné lieu à une grande parade sur les Champs-Élysées orchestrée par le publicitaire Jean-Paul Goude et mettant en scène des « tableaux vivants » hétéroclites. Cette façon de revisiter l'histoire de France à partir de clichés et de fantaisies publicitaires fera des émules dans le théâtre de rue.

En 2011, la candidate écologiste à l'élection présidentielle, reprenant une proposition des élus Verts de Paris, avait tout bonnement suggéré de supprimer le défilé militaire du 14 Juillet et de le remplacer par un « défilé citoyen » composé des enfants des écoles, des étudiants et des seniors[1]. En 2014, le thème du défilé, « Une armée puissante et moderne », s'est clos par un spectacle chorégraphique de deux cent cinquante jeunes issus de quatre-vingts pays avec un lâcher de colombes symbolisant un « message de paix » au monde entier dans le cadre de la célébration du centenaire de la Première Guerre mondiale.

Dans les communes, les fêtes votives traditionnelles n'échappent pas non plus à cette évolution. Les célébrations des saints patrons ne donnent pas seulement lieu à des messes, des processions et des fêtes foraines, des cavalcades, des bals et des feux d'artifice… Elles s'accompagnent d'animations nouvelles et de spectacles les plus divers : « ateliers pour les enfants », « expositions artistiques », « arts de la rue », spectacles exotiques, expositions de voitures anciennes, vieux métiers, voltige, tournoi de chevalerie, « fête du cheval », « marché festif » ou vide-greniers[2]…

Dans le nouveau monde, la fête n'a pas seulement changé de nature et de forme, elle a considérablement élargi son champ d'application et couvre de son label les phénomènes les plus divers. Des multiples célébrations consacrées à la faune et à la flore, aux produits agricoles et artisanaux, aux métiers d'autrefois, aux animaux des villes et des champs… jusqu'à celles consacrées aux différents sports, à la culture et aux arts, aux enfants, aux jeunes, aux vieux (rebaptisés « personnes du troisième âge » ou « seniors »), en passant par celles consacrées aux

1. Eva Joly, déclaration à l'AFP, 14 juillet 2011.

2. Cf. les programmes des fêtes votives des communes publiés sur le Net et dans les bulletins municipaux.

jardins, aux automobiles, aux motos, aux vélos et autres objets utilitaires et de consommation… comment se retrouver dans ce gigantesque bric-à-brac festif qui anime le pays ?

Sans prétendre à une analyse exhaustive du phénomène, je distinguerai seulement quatre grands types de fête qui me semblent particulièrement caractéristiques du nouveau monde : les fêtes de la transgression banalisée liées à l'importance sociale qu'a prise la culture adolescente, qui s'affirme comme un nouveau mode de vie ; les fêtes événementielles et institutionnalisées, qui rassemblent des foules, la figure emblématique étant celle de la musique ; les fêtes écologiques de la nature et de la défense de l'environnement, qui allient convivialité et discours militants ; les fêtes du passé revisité, liées à la passion mémorielle et patrimoniale.

Ces différentes fêtes se distinguent par un thème dominant, mais elles affichent un même type de valeurs et ont recours à des modes de communication et des formes semblables. Elles peuvent du reste s'entremêler, le mélange des genres étant précisément une des caractéristiques des festivités du nouveau monde.

La transgression socialement assistée

Tout d'abord, la « fête » est devenue un parcours obligé de la vie adolescente, avec sa « fièvre du samedi soir », sa musique assourdissante, ses ivresses et ses drogues. Par-delà les excès et les transgressions liés à cette période particulière de la vie, cette façon de « faire la fête » est devenue un style de vie. L'individu isolé et stressé peut non seulement oublier le vide et les contraintes de la vie moderne, mais aussi s'oublier, « s'éclater » ou « se défoncer » par la musique assourdissante et/ou l'absorption de divers produits, se fondre au sein d'un groupe pendant un temps donné, avant de retrouver le cours d'une vie sociale besogneuse ou désœuvrée.

Ces types de festivité semblent renouer à leur façon avec certaines fêtes de l'Antiquité grecque et romaine, comme celles consacrées à Dionysos ou à Bacchus, dieux du vin, de l'excès et de la démesure. Les boîtes de nuit, les concerts de rock, les festivals géants... avec leur décorum, leurs jeux de lumière et leur public en transe peuvent évoquer certaines cérémonies antiques. On peut également y trouver des aspects des carnavals du Moyen Âge qui transgressent la morale et les codes sociaux. Mais les fêtes de la transgression du nouveau monde s'en distinguent par des caractéristiques essentielles.

Dans ce type de fête, les références aux dieux liés aux cycles de la nature sont absentes[1], même si le printemps et l'été demeurent des périodes de prédilection ; à la différence des carnavals qui opéraient une parodie et une inversion des hiérarchies et des rôles sociaux, les fêtes du nouveau monde procèdent à un grand mélange fusionnel. Elles se déroulent dans une société devenue permissive qui valorise les figures du rebelle et de la révolte, banalise et aseptise la transgression.

Ces fêtes ne plaisent pas à tout le monde et l'on craint toujours les débordements, comme ceux des « apéros géants » ou des « rave-parties » sauvages, mais elles n'en sont pas moins de fait admises ou tolérées comme un

1. Ce qui ne veut pas dire que ces fêtes ne participent pas aux nouvelles formes de spiritualité diffuse que nous examinons au chapitre suivant.

style de vie incontournable de la jeunesse et de l'individu dans le monde moderne. Les organisateurs et les institutions s'efforcent de les encadrer, en veillant à fournir un service d'ordre et une assistance médicale ou psychologique.

Dans *Le Meilleur des mondes*[1], Aldous Huxley a bien décrit ce type de transgression intégrée au fonctionnement d'une société scientiste et hygiéniste, où la liberté sexuelle et la drogue sont permises pourvu qu'elles soient déconnectées de la procréation, de tout attachement durable, et ne mettent pas en question la société. « Ne remettez jamais à demain le plaisir que vous pouvez prendre aujourd'hui[2] », tel est l'un des préceptes mis en avant. Et si jamais quelque chose de désagréable se produit, « si jamais, par quelque hasard malencontreux, une semblable crevasse dans le temps s'ouvrait béante dans la substance solide de leurs distractions[3] », le « soma », drogue dont chacun dispose à loisir sous forme de pilules, permet d'y échapper : « Un demi-gramme pour un répit d'une demi-journée, un gramme pour un week-end, deux grammes pour une excursion dans l'Orient somptueux, trois pour une sombre éternité sur la Lune [...][4] ». Le « soma » permet de s'évader de la réalité et de vous débarrasser de tous les ennuis. Il a de plus l'important avantage de n'avoir aucun effet secondaire : « Vous vous offrez un congé hors de la réalité chaque fois que vous en avez envie, et vous revenez sans le moindre mal de tête ni la moindre mythologie[5]. » Il

---

1. Aldous Huxley, *Le Meilleur des mondes* (1932), Pocket, 1999.
2. *Ibid.*, p. 114.
3. *Ibid.*, p. 76.
4. *Ibid.*
5. *Ibid.*, p. 74.

s'agit de rendre impossibles les idées mêmes de tentation et de passion, en permettant et en encadrant la « bonne quantité de vices aimables » qui ne remette pas en cause la stabilité sociale. Dans le meilleur des mondes, on a même prévu les « traitements de SPV » (succédané de passion violente), qui permettent d'éprouver la peur et la colère sans en avoir les désagréments.

Les fêtes de la transgression banalisée et assistée du nouveau monde paraissent ainsi remplir un même type de fonction. Elles s'intègrent au mode de fonctionnement d'une société utilitariste et hygiéniste comme autant de moments cathartiques permettant aux individus d'éprouver des émotions liées à l'excès et à la transgression sans avoir nécessairement à en payer le prix. Elles jouent le rôle d'une « soupape de sécurité » permettant l'expression momentanée et scénarisée d'une culture adolescente qui imprègne désormais l'ensemble de la société. Ce type de fête est l'expression extrême d'un phénomène festif de masse qui se déploie sous une forme plus douce en mélangeant les genres et les générations.

La musique adoucit-elle les mœurs ?

Dans ce registre, la Fête de la musique, avec ses valeurs phares de « créativité » et d'« échange », de « convivialité » et de « fraternité », constitue un modèle type. Initiée en 1982 par Jack Lang, alors ministre de la Culture, cette fête a lieu chaque année au solstice d'été, jour de l'année où le soleil est le plus proche de la terre. Elle s'inscrit ainsi d'une manière nouvelle dans une tradition ancestrale. Dans l'Antiquité, ce jour donnait lieu à des fêtes et des célébrations religieuses liées au cycle et aux dieux de la nature. En France, la fête chrétienne de la Saint-Jean qui leur a succédé a été pendant longtemps le jour où les habitants des campagnes dansaient autour de grands feux de joie. La Fête de la musique instaurée par l'État l'a remplacée dans une France urbaine et largement déchristianisée. Aujourd'hui, il n'y a apparemment pas une commune de France où cette fête ne soit pas célébrée. Elle a de plus inspiré beaucoup de festivals musicaux et connaît un succès international[1]. Aux yeux de son fondateur, elle serait devenue une « sorte de fête de l'amitié internationale[2] » qui non seulement renouvelle et rehausse l'image de la France, mais contribue au rapprochement entre les peuples.

Les Français sont ainsi appelés à « descendre dans la rue » et « faire de la musique » (« Fête de la musique. Faites de la musique ») en toute liberté, en n'ayant d'autre souci que de montrer la diversité et l'étendue de leurs talents. Par-delà son objet particulier, cette fête concrétise une nouvelle conception de la culture qui remet en question les hiérarchies et la distinction des genres, la séparation entre la scène et la rue. Elle répond en outre aux besoins de nombreux individus d'être vus et reconnus dans l'espace public comme des artistes à part entière, quelle que soit la qualité de leur prestation. Comme le dit un groupe de rock qui a connu son heure de gloire à cette occasion : « Tu as quand même une certaine satisfaction quand, outre ta tante ou tes amis, tu vois les promeneurs qui s'arrêtent et restent tout le

1. Plus de 130 pays ont repris à leur compte l'idée d'une Fête de la musique.

2. Jack Lang, « Jack Lang à propos de la fête de la Musique », « Bataille pour la culture », Maryvonne de Saint-Pulgent, *France Culture,* 27 août 2011, archives INA.

concert à écouter des chansons bizarres pas forcément super-bien interprétées avec un son pourri. Respect[1]. » À sa façon, la Fête de la musique a dépassé la prophétie d'Andy Warhol annonçant, en 1968, que chacun aurait droit à ses quinze minutes de célébrité.

L'attrait de cette fête singulière ne se résume pas, tant s'en faut, à la célébration de son objet. Compte tout autant le plaisir que les individus peuvent éprouver à déambuler en masse dans les rues le premier soir de l'été avec de la musique en arrière-fond. Comme le déclarait Jack Lang lors de la première Fête de la musique, en 1982 : « Il vaut mieux un peu de cacophonie que le silence des villes désertes le soir et célébrer la naissance de l'été avec les musiques est une bonne manière de chanter la nouvelle saison[2]. » Dans une France urbaine où les anciens liens de sociabilité villageoise ont quasi disparu, cette fête constitue une occasion pour les individus non pas tant de faire connaissance que de se retrouver ensemble sous un mode grégaire en ayant le sentiment d'« en être » et de partager des émotions.

Dans la nouvelle langue de bois ministérielle de 2015, il s'agit de « descendre dans la rue pour vivre ensemble la musique ». Celle-ci « incarne cette résistance joyeuse à tout ce qui pourrait nous éloigner les uns des autres », et sa célébration permet de « faire de nos rues, de nos villages et de nos quartiers le lieu d'une citoyenneté partagée »[3]. Dans nombre de communes, la musique

1. Stuck in the Sound, « Fête de la musique : "Pour nous musiciens, qu'est-ce que ça veut dire ?" », Blog, the Huffington post.

2. Jack Lang, « Inter actualité », *France Inter,* 20 juin 2004, archives INA.

3. Fleur Pellerin, ministre de la Culture et de la Communication, « Vivre ensemble la musique », 2015, cf. site Internet, « L'éditorial de la ministre ».

s'accompagne désormais d'autres animations et activités tels la danse, les ateliers pour les enfants, les cours de yoga ou le vide-greniers, comme le montre la multiplicité des manifestations auxquelles cette fête nationale a donné lieu en 2015[1]. Quant au désormais fameux « vivre-ensemble », il connaît quelques difficultés avec les incivilités et les violences qui peuvent avoir lieu à cette occasion. De même que la notion de culture, celle de citoyenneté se prête à tous les usages d'un ministère qui est aussi celui de la Communication.

Les fêtes éducatives de la nature et de l'environnement

Les fêtes écologistes offrent un autre type de décompression à l'individu par une célébration de la nature plus reposante et conviviale qui semble retrouver les charmes des festivités campagnardes d'autrefois. Mais, à y regarder de plus près, ces aspects sont loin de constituer l'essentiel des festivités consacrées à la défense de la nature et de l'environnement. Celles-ci occupent une place particulière dans les festivités du nouveau monde par un caractère didactique marqué. Elles entendent sensibiliser les participants aux problèmes écologiques et les inciter à adopter les bons comportements et les bonnes pratiques qui respectent la nature et l'environnement[2].

1. Cf. les différentes annonces du programme de 2015 sur le site du ministère de la Culture et de la Communication.

2. Ce qui ne veut pas dire que les visiteurs et les touristes de passage s'y rendent uniquement pour ces raisons. Hors les militants et les convaincus, beaucoup considèrent ces fêtes comme des lieux possibles de promenade, ils s'y rendent par curiosité ou pour se divertir car, comme c'est souvent le cas, ces fêtes offrent de nombreux spectacles.

Cette visée pédagogique et morale rapproche ces fêtes de celles de la Révolution française visant à éduquer le peuple et les jeunes générations. La nouvelle vertu civique des fêtes écologiques est cependant d'une nature bien différente. Il ne s'agit pas d'exalter la patrie, ses événements fondateurs et ses grands hommes. L'écologie fait fi des frontières et ses fêtes correspondent souvent aux dates des nombreuses journées mondiales de mobilisation décrétées par les instances internationales et européennes. Celles consacrées au développement durable offrent un vaste choix de thèmes de célébration : journées mondiales des « zones humides », des « forêts », de l'« eau », de la « mer », de l'« océan », de la « terre nourricière », de la « biodiversité », des « espèces menacées », de la « lutte contre la désertification et la sécheresse »[1]...

« La musique a sa fête, la nature aussi[2] ! » proclame une association écologique[3] qui a pour objectif de « célébrer la nature chaque année » à une date la plus

---

1. « Éducation au développement durable. Calendrier des manifestations internationales 2013 », ministère de l'Éducation nationale, Canopé, CRDP de l'académie d'Orléans-Tours.

2. Site de la Fête de la nature.

3. Association Fête de la nature, créée à l'initiative du Comité français de l'Union internationale pour la conservation de la nature (UICN) et du magazine *Terre sauvage*. Elle assure la coordination générale de la Fête annuelle de la nature. Outre les réseaux associatifs liés à la défense de la nature et de l'environnement, l'Association des maires de France, le ministère de la Justice, le ministère de la Jeunesse, de l'Éducation populaire, et de la Vie associative, sont parmi les acteurs nationaux de l'événement. Parmi les partenaires de l'événement : le ministère de l'Écologie, du Développement durable et de l'Énergie, les entreprises EDF et RTE, ainsi que la Mutuelle complémentaire santé des agents du ministère du Développement durable et des agents du territoire, notamment au sein des conseils généraux ; cf. les différentes rubriques de la page « Qui sommes-nous ? » sur le site de la Fête de la nature.

rapprochée possible du 22 mai, Journée mondiale de la biodiversité. Pour festive qu'elle soit, cette célébration n'en déploie pas moins de sérieuses exigences qui garantissent son authenticité. Les associations doivent adhérer à une charte décrivant par le menu les critères qui donnent droit au label « Fête de la nature ». Cette célébration doit « se dérouler au contact direct de la nature », mais on aurait tort d'y voir une forme de contemplation de la beauté des paysages. Il importe de « promouvoir la protection de la biodiversité », de « faire progresser la connaissance des participants sur la nature et la biodiversité », de « favoriser une évolution des comportements en faveur de la biodiversité »... Cette insistance se double de recommandations pédagogiques : les organisateurs doivent s'attacher, entre autres, à « prendre l'aspect le plus convivial possible » et à « toucher le plus grand nombre au-delà des publics déjà sensibilisés, notamment les enfants et les jeunes »[1].

En 2015, cette Fête de la nature avait pour thème « Au bord de l'eau ». Elle s'est déroulée sur des sites régionaux et a offert une gamme d'activités relevant la fois de la marche et de l'éducation en plein air : promenades « ornithologique » ou « naturaliste », « balade ludique botanique », « balade lecture du paysage » ou encore « balade singulière alternant lectures poétiques et explications naturalistes ». Selon les sites, les participants ont ainsi pu découvrir ou mieux connaître les castors, les oiseaux marins, les petites bêtes des étangs,

1. « Charte Fête de la nature ». Les fêtes qui ne remplissent pas la totalité de ces critères ne sont pas labellisées mais elles peuvent recevoir le statut de « manifestation associée à la Fête de la nature ».

les algues brunes et les bigorneaux… Ce « temps de la découverte » allait de pair avec des « animations ludiques et familiales », des « productions musicales inspirées de la nature » ou encore un atelier pour les familles consacré à « l'art à la plage »[1]. Des pique-niques peuvent également être organisés, sous réserve qu'ils répondent à des critères écologiques, l'association organisatrice fournissant un « kit numérique de signalétique spéciale "pique-nique"[2] ».

À côté de cette festivité annuelle labellisée, de multiples fêtes qui se réclament de l'écologie ont vu le jour dans tout le pays. Les parcs naturels régionaux organisent la leur autour de thèmes environnementaux et patrimoniaux avec des débats et des animations diverses (musique, théâtres, ateliers pédagogiques, randonnée, jeux pour les enfants…). D'autres festivités sont centrées sur un thème particulier : « Fête de l'agriculture biologique », dite encore « Fête du bio », « Fête des énergies renouvelables », « Fête des paysages et de la nature en ville »… Quant au développement durable, il peut se décliner de multiples manières : « Fête du jardin et du développement durable », « Fête du Vaucluse durable », « Fête de la mobilité durable », qui peut elle-même se décliner en « Fête du vélo », moyen de locomotion devenu l'un des symboles du comportement écologique.

Les fêtes les plus militantes donnent une grande place aux forums et aux débats, aux « ateliers d'échange » (« participatifs » ou « pratiques »), aux « jeux éducatifs » sur les

1. « Fête de la nature 2015. Les grands sites de France vous invitent au bord de l'eau », cf. site Internet.

2. « Les pique-niques Fête de la nature », cf. site Internet.

thèmes clés de l'écologie : économies d'énergie, énergies renouvelables, biodiversité, écoconstruction, agriculture bio, compostage, toilettes sèches... Cette éducation festive n'insiste pas seulement sur l'impact de nos modes de vie et de nos comportements sur la nature et l'environnement, mais aussi sur la santé, l'éducation des enfants et l'équilibre de chacun. Dans certains cas, les soins du corps et de l'esprit ne sont pas oubliés, avec la promotion des plantes médicinales, des médecines douces, du yoga et de diverses pratiques « bio-énergétiques »[1]...

Toutes les fêtes écologiques ne vont pas jusqu'à ces excès. Mais, même lorsqu'elles proposent des « balades dans la nature » ou des bons repas, leur dimension didactique et morale n'est jamais loin : il s'agit de consommer bio, de connaître et de respecter la faune et la flore dans un parcours balisé émaillé des explications idoines. Les ambitions des fêtes écologiques, pour modestes qu'elles puissent paraître, entendent tout bonnement contribuer à changer les mentalités pour « sauver la planète ».

Le patrimoine animé

Les fêtes du passé revisité paraissent différentes des précédentes, mais n'en constituent pas moins leur contrepoint, dans la mesure où elles répondent à un autre besoin de compensation de l'individualisme contemporain : trouver ou retrouver des racines. On veut non seulement mieux connaître les traditions,

---

1. Cf. Le programme des Fêtes de l'écologie à Die, 25 janvier-4 février 2013.

mais aussi redonner vie au passé à travers des spectacles vivants. On se déguise et on défile en costumes d'époque ou supposés tels, on ressuscite les fêtes traditionnelles disparues ou oubliées : « Fête des foins », « de la Saint-Jean », « des vanniers » et d'autres corporations… Comme les autres fêtes du nouveau monde, ces manifestations recréent de l'animation dans les communes ; elles retissent des liens entre les habitants bénévoles pour la préparation et l'organisation des spectacles.

Parmi ces fêtes, nombreuses sont celles qui prennent pour thèmes les travaux et les traditions paysannes. Des bénévoles vêtus à l'ancienne retrouvent les « gestes d'antan » : ils récoltent les foins, battent le blé, cuisent le pain, fabriquent le beurre et autres produits du terroir agricole comme on le faisait autrefois ; on se remet à parler et à chanter en patois avec un accent qui, de temps en temps, laisse échapper quelques fausses notes. Les participants les plus âgés peuvent y trouver les relents enjolivés de leur jeunesse ; les parents semblent vouloir à tout prix montrer à leurs enfants – qui n'en demandent pas tant – ce qu'était le bon vieux temps, en oubliant souvent au passage la dureté des travaux et des conditions matérielles. Le public semble ravi du spectacle et applaudit parfois.

Ces fêtes peuvent remonter plus loin dans le temps, à la Révolution française ou bien avant, surtout si la commune dispose d'un château ou de ses restes. Le Moyen Âge et les cathares donnent lieu à des reconstitutions variées. Certains villages se sont spécialisés sur ce créneau porteur en faisant valoir si possible quelques ruines ou vestiges issus de cette époque. D'autres villages et bourgs se contentent de faire intervenir des troupes qui gratifient les visiteurs de leur spectacle moyenâgeux avec déguisement divers et cracheurs de feu.

Dans ces représentations, la vérité historique est souvent des plus approximative, mais cela n'a pas vraiment d'importance, parce que ce n'est pas elle que l'on vient chercher. Le passé réanimé se veut divertissant et pour tout public, il privilégie les clichés déjà connus au détriment d'autres spectacles moins réjouissants comme les famines ou la peste[1]. L'anachronisme y règne souvent et certaines fêtes du patrimoine animé n'hésitent pas à mélanger les époques et les genres, aboutissant à une sorte de bric-à-brac, ainsi celui d'une « fête d'automne » consacrée au « mariage à travers les époques » : « Couleurs, respect des costumes, touche d'humour, cris, rires, crottins de cheval, expositions de photographies anciennes et de robes de mariée (réplique au détail près d'une robe de mariée de 1830), vieilles voitures pétaradantes et fumantes, grognards de l'Empereur, tricycles, fleurs, brocantes, paella géante, apéritif tout autant : rarement fête aussi païenne que cléricale n'avait été aussi vivante, aussi captivante, aussi envoûtante[2]. »

Dans le domaine du spectacle du patrimoine animé, le Puy du Fou constitue un modèle entrepreneurial et commercial dont la réussite économique incontestable fascine de nombreux élus. S'y déroulent non seulement le plus grand show nocturne du monde, qui retrace à sa manière l'histoire de la Vendée avec ses habitants, acteurs

1. Joseph Boudon, « Le Moyen Âge fait fureur dans le département », *La Provence,* 11 août 2005.

2. « "Marions-nous" sous le soleil de Courthézon », *La Provence,* 4 septembre 2006.

et figurants bénévoles, mais aussi de multiples spectacles et activités dans ce qui est devenu un « parc de loisirs à thématique historique », employant 1 400 salariés et dont le succès ne se dément pas. Cette machinerie spectaculaire entend « concilier le culturel et le ludique, le divertissement et la pédagogie, le spectaculaire et l'émotion » dans des spectacles « magiques et féeriques » qui utilisent on ne peut mieux les effets spéciaux. La machinerie du Puy du Fou condense de façon extrême une mise en spectacle du patrimoine réduit à des clichés animés que l'on retrouve à un degré moindre dans les activités festives de nombreuses communes.

Ce n'est pas l'imagination, l'ingéniosité et les capacités entrepreneuriales mises en œuvre qui sont ici en cause, ni la réussite économique, ni la satisfaction bien réelle du public qui assiste à ces représentations, mais le type d'imaginaire auquel elles font appel et la fascination qu'elles exercent.

Ces fêtes du patrimoine animé répondent d'une façon bien particulière à une passion des Français : elles célèbrent le passé sur un mode spectaculaire et bigarré, revu et idéalisé, qui réduit l'histoire à quelques clichés, fournissant une sorte d'arrêt sur image et de contretemps à un présent chaotique et anxiogène. Pour paradoxal que cela puisse paraître au premier abord, cette animation festive de l'histoire participe d'une désincorporation historique des pays démocratiques, tout particulièrement la France, pour qui le passé apparaît sans ressource et l'avenir indiscernable.

Anciens et nouveaux saltimbanques

L'activisme festif du nouveau monde s'est accompagné de la promotion des « arts de la rue[1] », qui sont devenus l'un des principaux instruments d'animation des collectivités territoriales. Leur nature spécifique s'y prête bien : ils sont « multidisciplinaires », pratiquant un peu tous les genres (théâtre, fanfare, danse, cirque, jonglerie, pyrotechnie, constructions monumentales et « happenings » divers...).

Quand on parle des arts de la rue, on évoque souvent la tradition ancestrale des saltimbanques qui faisaient des tours d'adresse (acrobatie, jonglerie, lutte...) ou du théâtre forain sur les places publiques et dans les foires. Cette tradition, qui a perduré après la Seconde Guerre mondiale, s'est éteinte sous l'effet de l'urbanisation du pays et de nouveaux types de divertissements liés aux grands médias audiovisuels, au premier rang desquels la télévision. Ces saltimbanques ne se prenaient pas pour de grands artistes, encore moins des militants culturels porteurs de messages édifiants.

À l'inverse, la façon dont les arts vivants présentent leur spectacle est marquée par un style emphatique peu commun. On y retrouve le langage de la communication festive agrémenté des signes distinctifs de la culture dans le nouveau monde : « créativité », « inventivité », « rêve », « imaginaire », « poésie »... Il y est question d'« invitation au voyage », d'« alchimie », de « transfiguration »,

1. Ces « arts de la rue » sont eux-mêmes intégrés à l'« art vivant », vaste ensemble qui regroupe dans un grand tout les « arts du cirque », les marionnettes, les feux d'artifice, les jeux d'eau, mais aussi le théâtre, la musique, la danse, le mime, les arts équestres...

d'« engagement des corps et des mots », de spectacles qui « donnent à voir l'invisible et stimulent les sensations et émotions »... mais aussi d'« esprit frondeur », de « rebelle » qui « refuse tout formatage », de « hors normes », de « déséquilibre stimulant », de « mise en abyme »... Si les « arts de la rue » reprennent à leur compte les formes des spectacles des saltimbanques, ils le font d'une façon bien particulière, en les intégrant dans l'imaginaire du nouveau monde comme l'un des modes de sa mise en représentation.

Par-delà le langage pédant et vaniteux, les spectacles de rue peuvent faire preuve d'imagination, susciter étonnement et plaisir. Les spectacles les plus plaisants sont souvent produits par des compagnies qui ne se prennent pas pour de grands créateurs.

Avec Royal de Luxe, l'une des plus célèbres compagnies, « lâcher son rire, c'est évacuer le stress, l'angoisse[1] », et l'on peut saluer l'imagination dont cette compagnie fait preuve, être séduit par le « mur de lumière », les immenses marionnettes et leur incroyable machinerie (les divers géants, l'« Éléphant du Sultan » ou la « catapulte à piano »). Ce qui compte avant tout, c'est le choc des images et des effets spéciaux qui surprend le spectateur et mêle l'imaginaire et la réalité.

Certains des spectacles de rue inspirés directement du surréalisme peuvent prêter à sourire. Les « bancs publics clic-clac pour mieux se reposer », les fausses contraventions, les « cabines téléphoniques-douches pour une meilleure hygiène », les « lampadaires surplombés par un aquarium pour lutter contre le sentiment d'insécurité en maintenant une présence vivante la nuit »[2]... rappellent

1. Cf. site Royal de Luxe ; Jean-Luc Courcoult.
2. Cf. site Groupe Ici-Même, « Surprises urbaines ».

quelque peu les blagues et les farces des potaches de l'ancien monde. Ces derniers n'auraient sans doute pas cru qu'un jour leurs exploits deviendraient de l'art officiel subventionné.

La façon dont les arts de la rue affichent leurs prétentions dans l'espace public se retrouve dans des expositions et représentations plus officielles, ésotériques et provocantes, censées « donner à penser » sans que le visiteur ou le spectateur soit forcément sensible à cette « mise à nu de l'indicible » ou capable de décrypter ces « énigmes pleines de sens ». Commentant une représentation du Festival d'Avignon de 2015, une journaliste du *Figaro* a bien exprimé la façon dont ce genre de spectacle pouvait malgré tout faire autorité pour ceux qui s'y laissent prendre : « Une grande machinerie énigmatique que l'on comprend plus ou moins clairement, mais qui est un geste artistique incontestable[1]. »

Sans atteindre ces sommets, les arts de la rue ne manquent pas de messages grandiloquents qui peuvent paraître inversement proportionnels à la réalité de leurs productions effectives. Une chorégraphie qui mêle des danseurs et des tractopelles peut surprendre le spectateur sans que pour autant celui-ci fasse le rapport avec l'« évolution de l'humanité » et soit amené à réfléchir sur « les similarités et les oppositions entre la fragilité des danseurs et la force des machines »[2]. De même, une « voiture transpercée par un arbre pour espace de jeu » n'incite pas

1. Armelle HÉLIOT, « Avignon, revue de détail avec manques », *Le Figaro*, 18-19 juillet 2015.

2. « La machine est la continuité de l'homme », interview de Kevin FINNAN, directeur de la compagnie Motionhouse, propos recueillis par M-E. B., *La Provence*, 10 mai 2013.

nécessairement à découvrir une « sorte de brèche où la fantaisie et le rêve tentent de prendre le dessus »[1].

Les artistes de la rue revendiquent l'humour, mais se l'appliquent rarement à eux-mêmes et à leurs créations. Nombre d'entre eux développent un esprit de sérieux et une prétention hors du commun. Les artistes de rue qui revendiquent leurs « pitreries clownesques » et affirment clairement « manier l'absurde et l'imposture »[2] paraissent plus humbles et plus près de la réalité.

Un « art participatif » et militant

Par-delà leur diversité, la plupart des associations et compagnies des arts de la rue veulent, selon des formulations devenues banales, mettre la culture au plus près de chacun, créer du lien social et faire preuve de citoyenneté. Les arts de la rue entendent se rapprocher des publics en leur offrant des spectacles animés et festifs et en s'efforçant de faire en sorte – tout comme la pédagogie moderniste appliquée aux enfants – qu'ils s'approprient les spectacles vivants, deviennent acteurs (« spect-acteur », selon une formule usitée) ou cocréateurs dans des jeux interactifs ou des projets participatifs pour lesquels chacun s'implique dans une création collective ou des créations *in situ*[3].

À la différence de représentations plus officielles, les arts de la rue revendiquent l'humour et la rencontre

1. « Brèves », *Kawan.info,* 2009.

2. Compagnie Ici-Même.

3. Anne Quentin, « Un public, des publics… », Les arts de la rue, *TDC* (Textes et Documents pour la Classe), *La Revue des enseignants*, n° 1033, avril 2012.

avec un public populaire. Mais, si divertissants puissent-ils être, nombre de leurs spectacles n'en véhiculent pas moins la dérision et des représentations qui participent du nouvel air du temps. La « Véritable histoire de France », spectacle créé par la compagnie Royal de Luxe en 1990, met ainsi en scène une série de clichés à partir d'un livre géant[1] ; chaque page correspond à une époque, on change de page sans souci de chronologie, on pratique des raccourcis historiques spectaculaires, sur l'Inquisition, la colonisation, la guerre de 1914... Réduite en morceaux et traitée d'une façon loufoque, l'histoire de France a des allures de bande dessinée animée. Le choc des images, le son et les effets spéciaux polarisent l'attention, en même temps qu'est livrée une certaine vision de l'histoire de France. Dans ce genre de spectacle de rue, l'émotion et la dérision se veulent partagées et font pression sur les spectateurs surpris par le caractère insolite ou « féerique » de ce qu'ils voient et la puissance de la sono, écrasant toute distance critique ou la réduisant à un manque d'humour et à un esprit grincheux.

D'autres spectacles font passer des messages plus lénifiants. Celui intitulé « Passion des Moutons », joué par une compagnie, « tête de réseau » du maillage culturel du Vaucluse, est de ce point de vue particulièrement significatif : « Sur scène, sept moutons innocents se mettent sur la piste de la légende. À travers de vrais témoignages et d'autres inventés, ils redonnent la parole à ceux qui

1. Ce livre pèse près de 8 tonnes, il fait environ 7 mètres sur 4 et 1,70 mètre d'épaisseur ; il contient une dizaine de pages, chaque page fait 24 mètres carrés et pèse 300 kilos, elle contient des collages articulés qui se déploient en trois dimensions. Cf. site Internet.

ont été toujours oubliés par la Bible : les femmes, les objets et les animaux. Dans une période où les croyances religieuses contribuent souvent à légitimer la violence, ce spectacle, qui s'inspire, entre autres, de Saramago, Boulgakov, Pasolini et Marx, joue avec le décalage de l'iconographie chrétienne en mêlant humour et gravité. Un thème sérieux et de grande actualité[1]. » Pour les associations les plus militantes, il s'agit clairement de « résister à la manipulation aliénante de la culture de masse, dont l'expression simplificatrice et fortement médiatisée a pour objectif affiché le "divertissement" mais pour finalité réelle : le profit[2] ».

Nombre de troupes de théâtre des arts de la rue ont ainsi tendance à se considérer encore comme des sortes de petites avant-gardes ayant vocation à la fois à changer le rapport à la culture et à éveiller les consciences d'un peuple largement aliéné par le discours dominant et les médias. Le statut plus ou moins précaire et marginal de ces petites troupes peut facilement faire écho à la figure des artistes maudits du siècle dernier, qui remettaient en question l'académisme et le conformisme dominants. On est en droit de penser le contraire au regard de leur reconnaissance par les collectivités locales et par l'État, des commentaires élogieux dont ils font l'objet dans la majorité des médias nationaux et régionaux et des foules que rassemblent souvent leurs spectacles gratuits.

Les arts de la rue s'intègrent désormais à la culture dominante, dont l'un des traits paradoxaux consiste

---

1. « Passion des Moutons » séance scolaire vendredi 12 décembre, « tout public », décembre 2008, cf. site Internet.

2. Vincent Sanio, « Théâtre et éducation populaire. Une expérience en Vaucluse : le TRAC (Théâtre rural d'animation culturelle), Communiqué au 115e Congrès national des sociétés savantes, Avignon 1990.

précisément à s'affirmer sous les traits de la rébellion et de l'anticonformisme. Comprendre une telle situation implique de revenir aux origines des fractures qui ont eu lieu, et plus précisément à la contre-culture des années 1960 qui en fut un élément moteur

Ruptures dans la filiation avant-gardiste

Les « artistes révolutionnaires » des années 1960 se réclament volontiers du surréalisme, et plus précisément du « théâtre de la cruauté » d'Antonin Artaud, qui apparaissait alors comme un prophète de la subversion. Celui-ci entend « en finir avec cette idée de chefs-d'œuvre réservés à une soi-disant élite, et que la foule ne comprend pas[1] » ; son théâtre de la cruauté est fait d'exaltation, de son, de cris, de transe, d'« images physiques violentes » qui broient et hypnotisent la sensibilité du spectateur[2] ». Tout comme les surréalistes, Artaud appelle à mettre fin à la séparation de la culture et de la vie.

Les situationnistes reprendront à leur manière le flambeau en prétendant cette fois aller jusqu'au bout par la suppression-réalisation de l'art dans une révolution permanente de la vie quotidienne. Cette perspective qui entend créer des situations subversives ici et maintenant leur apparaît comme l'alternative à la culture dominante et la seule possibilité d'éviter la récupération par la société du spectacle. Le triptyque situationniste :

1. Antonin Artaud, *Le Théâtre et son double,* Gallimard, Folio essais, 1994, p. 115.
2. *Ibid.,* p. 128.

« spontanéité, créativité, poésie » fait alors valoir une subjectivité radicale et un potentiel de créativité présent en chacun qui ne trouve son accomplissement que par un « choc qualitatif », un « acte qui engendre des réalités nouvelles »[1] dans l'intensité d'un présent ressenti comme tel. La subjectivité radicale promue par les situationnistes veut ainsi « maintenir en permanence le principe du plaisir[2] » (« Vivre sans temps mort et jouir sans entraves ») ; elle fait du « vécu » et du « désir » le fondement d'une « authenticité »[3] qui fait fi de l'épreuve du réel. En ce sens, elle condense de façon radicale une nouvelle culture hédoniste adolescente propre à la génération soixante-huitarde qui valorise la transgression, le désir et l'imaginaire et qui va finir par se répandre sous une forme adoucie dans l'ensemble de la société.

La filiation de cette contre-culture soixante-huitarde avec le surréalisme est en partie trompeuse. Celui-ci prétendait lui aussi en finir avec la séparation de l'art et de la vie, mais il n'en a pas moins produit des œuvres. Qu'elles plaisent ou non, beaucoup ne sont pas la simple expression de subjectivités en révolte contre l'ordre établi ; elles supposent un travail d'élaboration et certaines demeurent à travers le temps.

La contre-culture soixante-huitarde est au contraire refus effectif de l'œuvre au profit de l'exaltation d'une créativité subjective qui affirme sa toute-puissance et fait de la vie quotidienne son terrain de prédilection :

---

1. Raoul VANEIGEM, *Traité de savoir-vivre à l'usage des jeunes générations,* chap. XX : « Créativité, spontanéité et poésie », p. 196 et suivantes, Gallimard, 1967.

2. *Ibid.,* p. 263.

3. « Il n'y a pas d'autorité en dehors de ma propre expérience vécue ; c'est ce que chacun doit prouver à tous », *ibid.,* p. 203.

« L'œuvre d'art à venir, écrit Raoul Vaneigem, c'est la création d'une vie passionnante. La création importe moins que le processus qui engendre l'œuvre, que l'acte de créer. L'état de créativité fait l'artiste et non pas le musée. […] L'attitude contemplative devant l'œuvre d'art a été la première pierre jetée au créateur. Cette attitude, il l'a provoquée et elle le tue aujourd'hui depuis que, réduite au besoin de consommer, elle relève des impératifs économiques les plus grossiers. C'est pourquoi il n'y a plus d'œuvre d'art au sens classique du terme. Il ne peut plus y avoir d'œuvre d'art, et c'est très bien ainsi. La poésie est ailleurs, dans les faits, dans l'événement que l'on crée. La poésie des faits, qui a été de tout temps traitée marginalement, réintègre aujourd'hui le centre de tous les intérêts, la vie quotidienne qu'à vrai dire elle n'a jamais quittée[1]. »

Une telle conception renverse la perspective entre le sujet et l'œuvre au profit de l'exaltation des potentialités créatrices supposées de chacun et ouvre la porte à toutes les logomachies et démagogies sur l'authenticité et la créativité, sur une culture qui se confond avec la vie dans ses aspects les plus quotidiens. Elle fera de nombreux adeptes qui se considéreront comme des créateurs en puissance ou des génies méconnus prétendant faire fusionner l'art et la vie en créant de multiples événements.

À l'époque, les situationnistes ont encore pour eux l'avantage de figurer une révolte et une transgression contre un moralisme issu du XIXe siècle et un conformisme lié à la nouvelle société de consommation et des loisirs. Leur mode de vie bohème et leur critique de la société du spectacle semblent cohérents et leur confèrent

---

1. *Ibid.*, p. 209.

une sorte de distinction et de marginalité aristocratiques assumées comme telles. Mais ils n'en font pas moins valoir une subjectivité toute-puissante et destructrice qui entend cette fois mener à bien la fusion de l'art et de la vie, promesse jusqu'alors inaccomplie des artistes en révolte du vieux monde. Leurs idées produiront des effets de décomposition et de recomposition où la révolte et la transgression deviendront les signes distinctifs de la création artistique.

De la bohème et de la subversion

La contre-culture des années 1960 se veut subversive, elle s'inspire du dadaïsme et du surréalisme pour déboucher sur des créations qui pratiquent le *happening* ou s'en inspirent, mêlant les genres, laissant une place importante à l'improvisation collective, dans des actions provocatrices qui interpellent de façon plus ou moins agressive les spectateurs et sollicitent leur participation.

La troupe du Living Theatre de Julien Beck est l'une de celles qui, s'inspirant du théâtre de la cruauté d'Antonin Artaud, poussent le plus loin cette transgression dans une série de représentations qui provoqueront le scandale. Les comédiens de cette troupe anarchiste et pacifiste se lancent dans des improvisations où les corps, les cris, les invectives face aux spectateurs ou au milieu d'eux créent un malaise qui se veut salvateur par la prise de conscience qu'il peut induire de leurs propres blocages et de leur propre soumission aux normes et aux codes dominants de la société. La troupe veut faire vivre au public une catharsis où se mêlent la protestation contre la guerre et la société de consommation, la suppression de l'argent et des passeports, le droit de fumer de la marijuana… Les acteurs ne jouent pas vraiment un rôle, ils le vivent dans un état psychologique qui, par moments, est proche de la transe et du délire mystico-politique. *Happening* et militantisme se confondent dans un spectacle où les acteurs s'engagent totalement et incitent le public à faire de même.

À la même époque, des fanfares et des troupes de théâtre contestataires se produisent pour soutenir les luttes et animer des fêtes militantes. *1789*, créé par la troupe d'Ariane Mnouchkine à la Cartoucherie de Vincennes, prend la forme d'un théâtre de foire avec de multiples scènes et des comédiens qui ont des allures de bateleurs, les spectateurs étant invités à participer à cette fête révolutionnaire. Le Grand Magic Circus de Jérôme Savary renverse les codes du milieu théâtral de l'époque, remet en question les images d'Épinal de l'histoire de France, pratique le happening dans les salles et dans la rue… Le théâtre se coupe de la littérature ; les images, la musique, les jongleries l'emportent sur les mots. Il se veut désormais visuel et « total », une fête nouvelle où les spectateurs sont provoqués et appelés à participer.

La dimension transgressive et utopique est vécue comme telle par des troupes qui expérimentent de nouvelles façons de jouer et de vivre, privilégient le collectif et l'improvisation, vivent dans des communautés de type libertaire. Les comédiens ont des situations précaires, ne disposent ni de protection sociale ni du statut d'intermittent. Jouer dans les rues est interdit ; leurs spectacles paraissent scandaleux et des pétitions circulent dans certaines villes pour les faire interdire. Ces « baladins de la révolution » ne se prennent pas encore trop au sérieux, en tout cas, ne se prennent pas tous pour de grands artistes et n'ont pas alors forcément le souci d'être reconnus et de devenir célèbres[1]. En d'autres termes, ils ne sont pas encore tous devenus des « bourgeois bohèmes » (« bobos ») et nombre d'entre eux resteront marginaux.

Les demandes de subventions ne vont pas pour autant cesser, dans une attitude paradoxale consistant à solliciter l'État non seulement pour qu'il aide ces acteurs à subvenir à leurs besoins, mais pour qu'il soutienne et favorise leurs créations, qui remettent en cause les institutions et la culture « bourgeoise ». Maurice Druon, ministre de la Culture en 1973 et figure honnie du gauchisme post-soixante-huitard[2], leur répliquera en ces termes : « Les gens qui viennent à la porte de ce ministère avec une sébile dans une main et un cocktail Molotov dans l'autre devront choisir[3]. »

Règlements de comptes

La rupture qui s'est opérée en mai 68 et dans les années qui suivent s'est voulue radicale : elle ne remet

---

1. Sur ce point, voir l'interview de Jérôme SAVARY par Philippe KREBS, « Jérôme Savary : le Grand Magic Circus, Mai 68, et le rire de résistance », 18 octobre 2008, Tribune libre, AgoraVox.

2. *Rouge,* journal troskiste de la Ligue communiste révolutionnaire, compare cet ancien résistant, auteur avec Joseph Kessel du *Chant des partisans,* à Goebbels, ministre nazi de la Propagande, en soulignant que la différence avec ce dernier réside dans le fait qu'« il vient trop tôt pour tirer sur les écrivains et les artistes pour lesquels il manifeste déjà tant de haine » ; « Non, Druon n'est pas Goebbels. Il n'en est que l'ombre. Pas le contraire, seulement les prémices », Michel LEQUELLE, *Rouge*, n° 204, 11 mai 1973.

3. Cité par Colette GODARD, *Le Théâtre depuis 1968,* JC Lattès, 1980, p. 133.

pas seulement en question une tradition théâtrale issue de l'Antiquité grecque et du Moyen Âge, mais toute une conception du théâtre populaire enracinée dans la tradition républicaine, dont Jean Vilar, créateur du Festival d'Avignon et directeur du Théâtre national populaire (TNP), a été le digne représentant. Ce « théâtre national et populaire » incarne dans son domaine les idéaux humanistes et républicains ; il est conçu comme un service public doté d'une mission visant à permettre au plus grand nombre d'accéder aux œuvres de culture et de partager ce bien commun. Cette démocratisation de la culture est relayée par un réseau de militants de comités d'entreprise et d'associations culturelles[1].

On peut constater le caractère utopique du théâtre populaire au regard du type de public cultivé qui fréquente à l'époque le TNP, mais la référence au peuple chez Vilar n'est pas ouvriériste et populiste, elle renvoie plutôt à l'idée d'un peuple républicain uni autour d'une certaine idée de la culture qui transcende les différences de classe[2]. Plus fondamentalement, on peut s'interroger sur les « ambiguïtés d'une aventure esthétique mise au service d'un projet social[3] », sur l'articulation entre l'art et la citoyenneté qu'elle implique[4]. Le théâtre de Vilar n'en défend pas moins une idée de la culture qui donne la priorité aux œuvres classiques ; le metteur en scène

1. Cf. Le livre remarquable d'Emmanuelle Loyer, *Le Théâtre citoyen de Jean Vilar : une utopie d'après guerre,* PUF, 1997, et son article : « Le Théâtre national populaire au temps de Jean Vilar (1951-1963), in *Vingtième siècle, Revue d'histoire*, n° 57, janvier-mars 1998.

2. *Ibid.*

3. *Ibid.*

4. Emmanuelle Loyer montre bien comment cette conception est l'héritière de 1789, qui fait du théâtre un vecteur de l'éducation morale et politique.

et l'acteur sont avant tout des médiateurs au service des auteurs et des œuvres. C'est précisément cette conception issue d'une longue histoire que Mai 68 et les années qui vont suivre font voler en éclats.

En juillet 1968, au Festival d'Avignon, la représentation de *Paradise Now*, du Living Theatre, marque la rupture radicale qui s'instaure avec le théâtre de Vilar. Dans ce spectacle qui fit scandale, les comédiens se dénudent et s'enlacent sur la scène et au milieu des spectateurs, invitant ces derniers à se joindre à eux dans un méli-mélo des esprits et des corps qui a tous les aspects d'un défoulement et d'une thérapie spectaculaire, au milieu des protestations et des cris d'une partie du public mi-voyeur, mi-scandalisé[1]. Bertrand Poirot-Delpech a raconté les réactions du public local devant de telles « audaces » : « À son mari qui refusait de quitter le Cloître dans l'espoir probablement, que le spectacle se corserait un peu, une solide Avignonnaise lança, avec l'accent le plus tonique et le plus prometteur : "Viens, té, je te ferai le Living à la maison !" Le public tira de cette invite l'autorisation de s'avouer son ennui et vida les lieux en quelques minutes, laissant le Living à ses chétives et somnolentes nudités[2]. » Le spectacle se terminera par un défilé dans les rues avec l'exigence de la gratuité des spectacles, ce qui lui vaudra d'être interdit par la municipalité, et la troupe quittera le festival.

Jean Vilar se fit bousculer et traiter de tous les noms par des gauchistes parisiens dont beaucoup venaient

---

1. On peut voir quelques scènes de ce spectacle qui se déroula en juillet 1968 à Avignon dans les archives de l'INA consultables sur Internet.

2. Bertrand Poirot-Delpech, « Père, gardez-vous à gauche ! », cité dans *Les Cahiers de la Maison Jean Vilar*, n° 105, juillet 2008.

d'occuper le Théâtre de l'Odéon. Dans des notes consignées pendant le festival, il constate la rupture qui s'est opérée : « Avec le happening informe (ou volontairement informel ?), nous sommes loin de la violence directe d'Aristophane, du culot de *Tartuffe* de Molière, de la composition musicale du *Sacre du Printemps* en 1911, de l'éclat de *Châtiments*, de l'audace de 1857 des *Fleurs du Mal*, des œuvres de Courbet. Dans l'histoire du spectacle (et donc des arts), ce spectacle n'est qu'une caricature de l'audace et du courage, de la pensée et de l'invention[1]. » Il dénonce la morgue et le mépris du peuple dont font preuve les artistes qui se proclament révolutionnaires en ces termes : « Vous dressez contre vous des gens de la plus humble condition, cheminots, machinistes, employés, petits marchands, ouvriers de toutes catégories, et il faut les retenir de vous chasser. Vous dites : "Le théâtre dans la rue !", ce qui est un mot d'amateur, de provocateur ou tout simplement d'ignorant [...]. Qu'y a-t-il de commun entre le travail et vous ? [...] Des mots que la révolte de Mai vous a appris et que vous ne faites que répéter comme des esprits demeurés. Vous n'êtes que des hurleurs, des tapageurs de la nuit, des fils de famille qui allez chercher le mandat paternel et hebdomadaire au bureau de poste de la rue de la République. [...] Vous êtes des êtres vains et dangereux parce que vous jouez à l'émeute et qu'on ne joue pas avec cela[2]. » La fracture sociale et culturelle qui éclate au grand jour lors de ce festival est prémonitoire et ne cessera de se creuser dans les années suivantes.

1. Jean Vilar, « Vilar en colère » (« Diverses notes et brouillons » consignées par Jean Vilar pendant le 22e Festival d'Avignon »), *Les Cahiers de la Maison Jean Vilar*, n° 105, juillet 2008.

2. *Ibid.*

L'institutionnalisation d'une contre-culture banalisée a promu un nouveau et paradoxal conformisme de masse ayant les traits de la révolte contre la culture dominante et le pouvoir établi, alors que ceux-ci l'ont désormais érigé en nouveau mode de comportement socialement valorisé. Les aspects problématiques des « arts de la rue » vont finir par se répandre dans des spectacles plus officiels, non seulement dans le festival « *off* » d'Avignon, mais sur la scène du « *in* », où le théâtre de texte a cédé largement la place au mélange des genres et à la provocation d'auteurs éminemment narcissiques qui prétendent « dynamiter les codes de la représentation ». Comme l'a justement écrit Régis Debray, nous sommes passés de l'« aristocratie communisante », qui entendait de façon utopique permettre au peuple d'avoir accès aux grandes œuvres, à la « démagogie libertaire » avec ses innombrables « m'as-tu vu »[1].

En 2005, devant ces nouvelles formes théâtrales de spectacle vivant faites de noirceur et de provocation, les réactions hostiles du public n'ont pas manqué, faisant apparaître de nouveau au grand jour une fracture sous-jacente qui existait depuis longtemps. Les journalistes bien-pensants se sont empressés de la dénier en dénonçant une « crispation antimoderne », une « cabale réactionnaire » menée par des « grincheux », des « nostalgiques » ou des « ringards » qui n'ont rien compris à l'« avènement de formes théâtrales nouvelles[2] » : « Avignon choque, des spectateurs s'émeuvent, des femmes sifflent, des hommes s'évanouissent, il y a du

1. Régis Debray, *Sur le pont d'Avignon,* Flammarion, 2005, p. 13.

2. Antoine de Baecque et René Solis, « La querelle d'Avignon joue en prolongation », *Libération,* 27 novembre 2005.

sang, du sexe et de la pisse sur scène, le Belge Jan Fabre fait débat, et alors ? Le théâtre qui fait débat n'est pas forcément bon, mais le débat est toujours bon pour le théâtre. Qu'un festival d'un certain âge scandalise est bien le signe d'une jeunesse certaine[1]. »

Dans le domaine de la provocation, les « nouvelles formes théâtrales ne sont pas seules en cause », le phénomène est, comme on dit aujourd'hui, « transversal » aux genres artistiques et l'« art contemporain » a poussé au plus haut point la provocation en versant parfois dans le sordide et l'abjection[2]. La « performance » du créateur soutenu par l'État et coté sur le marché constitue un nouveau paradigme où la valeur artistique ne réside pas dans l'objet montré, mais dans le discours tenu à son propos et la surenchère transgressive[3].

L'institutionnalisation d'une contre-culture aseptisée

Les arts de la rue s'inscrivent à leur manière dans cette filiation : ils en sont l'un des points d'aboutissement paradoxal et représentent une version édulcorée de cette contre-culture mise au service de l'animation et de la perpétuation de l'imaginaire du nouveau monde[4]. Pour problématique que soit cette contre-culture banalisée,

---

1. Jean-Michel Thénard, « Vivant », *Libération,* 27 novembre 2005.

2. Jean Clair, *L'Hiver de la culture,* Flammarion, 2011.

3. Nathalie Heinich, *Le Paradigme de l'art contemporain. Structures d'une révolution artistique,* Gallimard, 2014 ; Christine Sourgins, *Les Mirages de l'art contemporain,* La Table Ronde, 2005.

4. Ils ne sont pas les seuls. La publicité qui succède à la « réclame », les clichés et la langue de bois des médias et de la « communication » du nouveau monde en sont également les héritiers et participent de cette même logique.

les politiques s'en sont faits les promoteurs et les diffuseurs, ils l'ont institutionnalisée et intégrée dans une politique de la culture logomachique et obsolescente qui encense la rupture et la nouveauté comme signes manifestes du triomphe des valeurs du nouveau monde et d'une dynamique de créativité tous azimuts.

La politique culturelle de la gauche a promu une notion de la culture informe qui englobe tous les domaines de la vie. Dans son discours à l'Assemblée nationale en 1981, Jack Lang qualifie de « culturels » l'abolition de la peine de mort, la réduction du temps de travail, le respect des pays du tiers-monde, la reconnaissance des droits des travailleurs et des droits des femmes et déclare que « sur chaque membre du gouvernement repose une responsabilité artistique évidente »[1]. Cette conception du « tout-culturel » se veut « large et généreuse », en n'oubliant personne : « La culture, c'est l'affaire de chacun, l'affaire de chacun d'entre vous, de chacun d'entre nous[2]. »

Par-delà cette grandiloquence s'affirme une conception anthropologique de la culture issue des sciences humaines qui prend en compte l'ensemble des comportements et des activités d'une collectivité sans établir de hiérarchie. Dans ce cadre d'analyse, l'habitat, l'alimentation, les formes de travail et de loisirs sont considérés – au même titre que les sciences, les arts et les lettres, les religions –, comme autant de manifestations d'une façon d'être d'une société jugée dans sa globalité. Cette promotion de la conception anthropologique de la culture

1. Jack Lang, discours à l'Assemblée nationale, le 17 novembre 1981.

2. Jack Lang interviewé par François-Henri de Virieu, « L'heure de vérité », France 2, 9 décembre 1982.

appliquée aux œuvres va permettre de rabattre sur le même plan tous les genres et créations[1].

Jack Lang n'a pas pour autant cessé de prendre en compte et d'aider les arts traditionnels – ce qui lui permettra d'affirmer qu'on lui a fait un procès d'intention –, mais il entretient la confusion entre les notions d'œuvres de pensée, de créations artistiques et la vie sociale ; il fait preuve de démagogie en reconnaissant des arts considérés jusqu'alors comme mineurs « comme des formes d'art qui méritaient la même reconnaissance que la haute culture[2] ».

Alain Finkielkraut a justement fustigé cette « sorte de confusion joyeuse qui élève la totalité des pratiques culturelles au rang des grandes créations de l'humanité[3] ». Ce ne sont pas seulement le jazz, la photo, le rock, la bande dessinée… qui se voient ainsi promus, mais aussi la gastronomie, le design, la mode et la publicité. La bande dessinée est considérée comme un « moyen d'expression » qui « se situe légitimement sur le même plan que les autres formes d'expression littéraire et visuelle[4] ». Les comparaisons et les analogies

---

1. En ce sens, si l'anthropologie rend possible une telle approche de la culture, on ne saurait pour autant considérer cette discipline comme la cause du « tout-culturel » et du relativisme. Ces derniers nous paraissent bien plutôt imputables à des évolutions sociétales et à l'utilisation de l'anthropologie, comme d'autres sciences humaines, par le gauchisme soixante-huitard, des intellectuels et des hommes politiques qui en ont fait des outils de légitimation et des instruments d'un combat culturel qui ne trouve pas son fondement dans l'anthropologie, mais dans leurs propres conceptions et orientations.

2. Jack Lang, « L'heure de vérité », 9 décembre 1982.

3. Alain Finkielkraut, *La Défaite de la pensée,* Gallimard, 1987, p. 139.

4. Jack Lang, déclaration sur les mesures en faveur de la bande dessinée, 26 janvier 19[illegible]

historiques permettent de conférer une filiation et une autorité artistique incontestables à des genres nouveaux qui n'en demandaient peut-être pas tant : « Molière, notre grand Molière, a été nourri du théâtre de rue » et le rap, le hip-hop, la *breakdance* sont « d'une certaine manière la commedia del'arte d'aujourd'hui[1] ».

Cette confusion démagogique qui se refuse à toute hiérarchie va de pair avec l'idée que la création est désormais à la portée de chacun. Conception anthropologique de la culture et subjectivisme soixante-huitard se conjuguent dans des appels à devenir « acteur » ou « créateur » qui ont des allures d'un néosituationnisme déradicalisé et intégré à la société du spectacle : « Au fond, déclare Jack Lang sur Antenne 2 en 1982, [la culture], c'est la part de rêve qui est dans chacun de nous-mêmes, le meilleur de nous-mêmes. La culture, c'est en chacun le désir de beauté, le désir de participer pleinement aux plaisirs de la vie. [...] Je crois que le grand changement, le premier des changements que nous avons introduit, consiste à dire à chaque Français : la culture, c'est vous. Dans chacun de vos actes de la vie quotidienne, vous faites acte de culture, acte de transformation, acte de beauté. [...] Chacun participe à la beauté, chacun est artisan de la culture et personne ne doit pouvoir en être exclu[2]. »

Le renversement opéré dans les missions conférées au ministère de la Culture en l'espace d'un peu plus de vingt ans traduit bien la fracture qui s'est ainsi creusée entre l'ancien et le nouveau monde. En 1959, le décret

1. Jack LANG, « Tout est culture », « Batailles pour la Culture », une émission de Maryvonne de Saint-Pulgent, *France Culture*.

2. Jack LANG, « L'heure de vérité », 9 décembre 1982.

fondateur du ministère des Affaires culturelles que va occuper André Malraux stipule en premier lieu que la mission de ce ministère est de « rendre accessibles les œuvres capitales de l'humanité, et d'abord de la France, au plus grand nombre possible de Français[1] » ; celui du 10 mai 1982 décrit la première des missions du ministère chargé de la Culture en ces termes : « Permettre à tous les Français de cultiver leur capacité d'inventer et de créer, d'exprimer librement leurs talents et de recevoir la formation artistique de leur choix. » Entre ces deux époques, la notion d'œuvre s'est trouvée reléguée au second plan, tout comme l'idée de nation, au profit d'un individualisme démocratique d'un type nouveau.

Quelle « démocratisation culturelle » ?

Jack Lang n'a pas manqué de faire valoir sa filiation avec le ministère d'André Malraux. Si les politiques qu'ils ont menées sont marquées par un interventionnisme étatique, leurs conceptions de la culture et les finalités qu'ils lui assignent n'en sont pas moins différentes[2].

La conception de la culture de Malraux est inséparable d'une réflexion sur le changement de civilisation marqué par la fin des religions et du questionnement

1. Art. 1er du décret du 24 juillet 1959.

2. Sur ce point, il n'y a pas continuité mais rupture, contrairement à ce que laisse entendre Marc Fumaroli dans son livre *L'État culturel. Essai sur une religion moderne*, Éditions de Fallois 1991, qui développe l'idée d'une logique moderniste amorcée par André Malraux qui trouverait son paroxysme avec Jack Lang.

métaphysique au profit d'un développement sans précédent des sciences et de la technique. Le développement du machinisme a produit ce qu'il appelle les « usines de rêves » que sont le cinéma et les médias audiovisuels, puissants diffuseurs d'un imaginaire, qui, livrés à eux-mêmes, se fondent sur les « éléments les plus suspects de l'émotion » et la « recherche du profit »[1]. La culture lui paraît ce qui peut précisément contrer la puissance des usines de rêves en opposant « aux images du sexe et de la mort des images immortelles[2] ».

Cette conception est liée à sa réflexion sur la mort et l'antidestin : « La culture, c'est ce qui répond à l'homme quand il se demande ce qu'il fait sur la terre. Et, pour le reste, mieux vaut n'en parler qu'à d'autres moments : il y a aussi les entractes[3]. » On peut reprocher à André Malraux une sacralisation de l'art qui tend à prendre la place de la religion : « La religion moderne de l'Art, écrit justement Marc Fumaroli, a tendance à sacraliser l'artiste et l'œuvre d'art comme un opérateur et une opération gnostiques, qui défient l'ordre absurde de l'univers, déchet ou erreur de son Créateur. Il y a beaucoup de cette gnose dans l'idée que Malraux se fait des chefs-d'œuvre de l'art[4]. » Mais Malraux n'en donne pas moins la priorité aux grandes œuvres, y compris celles de l'art moderne, qui ne se

1. André Malraux, « Discours prononcé à Dakar à la séance d'ouverture du colloque organisé à l'occasion de 1er Festival mondial des arts nègres le 30 mars 1966 », *in* André Malraux, *La Politique, la culture,* Gallimard, Folio essais, 1996, p. 338-339.

2. *Ibid,* p. 339.

3. André Malraux, « Discours prononcé à l'occasion de l'inauguration de la maison de la culture d'Amiens, le 19 mars 1966 », *ibid.*, p. 323.

4. Marc Fumaroli, *L'État culturel. Essai sur une religion moderne,* Éditions de Fallois, 1991, p. 174.

confondent pas avec les créations de l'art contemporain, même si ce dernier récupère une partie de l'art moderne[1]. À l'inverse du « tout-culturel », il affirme clairement la distinction entre la culture et les loisirs et ne se montre nullement démagogique avec la jeunesse. La lutte contre les inégalités culturelles demeure chez lui solidement ancrée dans l'optique du partage d'un patrimoine des œuvres conçu comme un bien commun. Cette conception rejoint celle de Jean Vilar et de beaucoup d'autres, quelles que soient par ailleurs les différences de leur engagement politique. La « démocratisation culturelle » signifie la réduction des inégalités d'accès et de diffusion des grandes œuvres, considérées comme un patrimoine commun, à la fois national et universel.

La façon dont la gauche entend lutter contre les inégalités culturelles dans les années 1980 va précisément marquer une rupture dans la tradition républicaine et socialiste[2]. Désormais, la lutte contre les inégalités culturelles passe par l'abolition d'une hiérarchie dans l'ordre même de la culture et la possibilité, voire le « droit », de chacun d'être créateur. Cette confusion entre le social, le politique et le culturel va notamment se traduire par l'institutionnalisation, le soutien financier et la diffusion sur l'ensemble du territoire de créations et de spectacles marqués par une « contre-culture » aseptisée intégrée à l'animation festive du nouveau monde.

1. Christine SOURGINS, *Les Mirages de l'art contemporain, op. cit.*

2. Tout au moins celle de Jean Jaurès, qui se démarque de l'ouvriérisme marxiste de Jules Guesde et de l'ouvriérisme anarcho-syndicaliste de Fernand Pelloutier, cf. Emmanuelle LOYER, *Le Théâtre citoyen de Jean Vilar, une utopie d'après-guerre, op. cit.*, et son article : « Le Théâtre national populaire au temps de Jean Vilar (1951-1963), *art. cité.*

Des politiques à la remorque

Dans le sillage de la politique culturelle de Jack Lang, les différents ministres de la Culture, de droite et de gauche, constatant le succès public des arts de la rue, vont reprendre à leur compte la façon dont ses acteurs se représentent leur pratique et leur mission citoyenne sans l'ombre d'un recul réflexif et critique.

La reconnaissance des arts de la rue atteindra une sorte d'apogée en 2005, avec Renaud Donnedieu de Vabres, ministre de la Culture sous les gouvernements Raffarin et Villepin, qui proclame l'ouverture du « temps des arts de la rue » (2005 à 2007) sur le modèle de l'Année des arts du cirque (été 2001-été 2002), avec un plan d'aide et de promotion[1]. Le ministre de la Culture fait alors l'éloge des arts de la rue comme l'« une des expressions les plus abouties de la créativité contemporaine à la fois populaire et d'une grande exigence artistique » : « En choisissant l'espace public comme espace de jeu et d'enjeu, les arts de la rue ont inventé des démarches singulières d'écriture artistique, impliquant le public dans une dynamique originale. Hier comme aujourd'hui, la question de l'engagement de l'artiste au sein de la cité a fondé

1. Se traduisant par une série d'actions : meilleure structuration des compagnies, construction d'une Cité des arts de la rue, commandes publiques, promotion et diffusion des spectacles de la rue sur toute l'année et sur les territoires (saison des arts de la rue étendue sur plusieurs mois et à différents endroits d'une zone géographique), inscription des spectacles de rue dans les programmations des scènes généralistes du réseau d'action culturelle au même titre que les spectacles des autres disciplines, développement de réseaux européens et des tournées à l'étranger, les initiatives pouvant bénéficier de l'aide des fonds de la Communauté européenne, mise en place d'un système de formation structuré dans la durée…

cette volonté de rencontre au-delà des lieux consacrés à la culture, afin que chacun puisse vivre, dans le partage du quotidien, la rencontre avec l'acte artistique[1]. » La démarche des compagnies, précise-t-il encore, n'est pas seulement artistique, mais « éthique », les actions menées étant « fondées sur les principes de solidarité et de partage ». Bien plus encore, les arts de la rue ouvrent une série d'interrogations fondamentales sur la nature de l'œuvre artistique et son rôle dans la société, interrogations en cascade qui semblent n'avoir pas de fin : « Le choix de la "rue" au sens large du terme [...] est ce terroir spatial et social qui donne sens à l'acte de l'artiste et qui le questionne dans son faire même. Ce questionnement est aujourd'hui particulièrement sensible : quelle est la place de l'art dans nos sociétés ? Comment transformer la perception de l'art par un public plus large, inventer des modes d'accession à l'art qui puissent dépasser les clivages culturels et sociaux ? Comment, en retour, l'art dans l'espace interroge-t-il et interpelle-t-il sur des enjeux fondamentaux de nos sociétés contemporaines, l'habitat et le renouvellement urbain, la cohésion et la mixité sociale, la diversité culturelle, l'environnement... » Autant de questions d'une profondeur sans pareille qui feront l'objet de débats, de colloques, de rapports, de mémoires et de thèses... dans lesquels on retrouve ce même type de formulations pédantes, d'interrogations alambiquées, nouvelle langue de bois de la culture qui va envahir l'espace public, les milieux de la communication et des médias culturels.

---

1. Renaud Donnedieu de Vabres, ministre de la Culture et de la Communication, « Le temps des arts de la rue », discours à Marseille, 2 février 2005.

Les années 2000 voient la consécration et l'institutionnalisation des arts de la rue. Des Centres nationaux des arts de la rue labellisés par le ministère de la Culture et de la Communication voient le jour[1]. La Cité des arts de la rue est inaugurée à Marseille en novembre 2013[2]. Cette cité héberge, entre autres, un centre de formation avancée et itinérante des arts de la rue (FAI-AR) reconnu par le ministère de la Culture[3] et un Centre national de création des arts de la rue (Lieux publics)[4].

---

1. En 1993, le ministère de la Culture avait déjà créé un Centre national des ressources des arts de la rue et des arts du cirque, « Hors les murs », qui met à disposition un centre de documentation, joue un rôle d'expertise et de conseil, d'édition et de soutien à la recherche. En 2013, on comptait 12 Centres nationaux des arts de la rue labellisés par le ministère, auxquels s'ajoute le Centre national de la création en espace public. Bénéficiant de financements structurels de l'État et des collectivités territoriales, ces centres ont pour rôle « le soutien à la création, à la diffusion et au développement de projets culturels de territoire, interrogeant de manière singulière les habitants dans leur rapport à la culture », cf. Cahier des missions et des charges pour les centres nationaux des arts de la rue.

2. Située sur l'ancien site des huileries-savonneries dans les quartiers nord de Marseille, cette cité veut être un « territoire culturel à la périphérie de la ville » et un « lieu unique en Europe d'expérimentation et de développement local et international des arts de la rue ». Cette cité dispose d'un « territoire » de 36 000 mètres carrés, dont 11 000 mètres carrés de bâti. Elle regroupe 6 structures et 100 personnes environ y travaillent quotidiennement. Cf. le site de la Cité des arts de la rue.

3. La FAI-AR développe des modules courts de formation et a lancé le premier cursus de formation supérieure en avril 2005, accueillant 15 apprentis. La 6e promotion 2015/2017 a pour thème « Devenir auteur de l'espace public ». En 2013, la FAI-AR et le secteur théâtre de l'université d'Aix-Marseille ont signé une convention de partenariat pédagogique destiné aux étudiants du master professionnel « Dramaturgie et écritures scéniques » et aux apprentis étudiants de la FAI-AR inscrits en DESU (Diplôme d'études supérieures d'université).

4. Lieux publics veut être un « laboratoire d'écritures pour l'espace public » et développe des « dispositifs de soutien à la création, à l'écriture et à la diffusion ». Lieux publics est conventionné par le ministère de la

Cette institutionnalisation n'a pas pour autant réussi à stabiliser les activités de compagnies dépendant avant tout des aides et des commandes liées aux collectivités territoriales. Les demandes de subvention font désormais l'objet de procédures encadrées et contrôlées, et les restrictions budgétaires constituent une situation nouvelle qui ne manque pas d'inquiéter les artistes et les compagnies.

Changement de paradigme

Le curieux destin des arts de la rue, comme d'autres formes de l'« art vivant », n'est pas le simple effet de l'évolution d'une société des loisirs et de la consommation qui serait fondamentalement demeurée la même. Il témoigne de la formation d'un imaginaire qui répond à la demande du nouvel individualisme en lui fournissant l'illusion dont il a besoin pour vivre dans un monde devenu désenchanté, stressant et angoissant.

La recherche de « moments forts », d'« émotion », les sentiments ressentis en commun, le désir de rencontres et d'échanges en tout genre sont des contrepoints à l'esseulement des individus, mais aussi à l'« ère du vide » d'un monde qui paraît insensé. Dans les grands événements festifs du nouveau monde, l'individu retrouve ses semblables sur un mode plus ou moins fusionnel, hors

---

Culture et de la Communication, la ville de Marseille, le conseil régional Provence-Alpes-Côte d'Azur, le Conseil général des Bouches-du-Rhône. En 2003, Lieux publics a créé le réseau IN-SITU, qui regroupe une vingtaine d'organisateurs dans 15 pays européens et qui obtiendra 4 soutiens consécutifs de la Commission européenne.

Voir site Internet.

du temps. Cette « foule sentimentale[1] » qui manque d'idéal, pour reprendre une expression du chanteur Alain Souchon, se rassemble autour d'émotions et de bons sentiments partagés qui constituent un nouveau mode d'être collectif-narcissique dans un monde déculturé.

L'animation festive et culturelle met joliment en scène ce narcissisme du nouveau monde, en le parant de valeurs et de vertus généreuses qui s'affichent dans tous les supports de la communication : « plaisir » et « émotion » partagés, « rencontre » et « échange », « paix » et « convivialité », « diversité » et « fraternité », « écologie » et « bien-être », « vivre-ensemble » et « citoyenneté »... On raconte et on se raconte de belles histoires ; on met en scène le monde tel qu'on le rêve et tel qu'on voudrait qu'il soit. L'animation festive et culturelle condense un imaginaire qui met à distance et euphémise la réalité, institue un univers lisse, débarrassé de tous les tabous et interdits du vieux monde, sans contradiction ni conflit, où tout se mélange et où, en fin de compte, « tout le monde il est beau, tout le monde il est gentil[2] ». En d'autres termes, l'animation festive et culturelle construit et met en scène les « villages Potemkine » du nouveau monde, qui ont de plus en plus des allures de parcs d'attractions.

La culture s'est de plus confondue avec cette animation. Elle est devenue une bulle protectrice au sein de

1. Alain Souchon, « Foule sentimentale », album *C'est déjà ça*, 1993.

2. Expression empruntée au film satirique de Jean Yanne *Tout le monde il est beau, tout le monde il est gentil* (1972), qui avait saisi à sa manière l'univers ambivalent des médias qui adoucissent le réel et construisent une bulle anesthésiante en excluant ou en mettant sur la touche ceux qui le mettent en question.

laquelle les individus se confortent et se rassurent en multipliant les fêtes, en parlant une même langue creuse et emphatique, en célébrant ensemble les vertus supposées du nouveau monde et leur avènement. Cette bulle de l'entre-soi culturel permet de se mettre à distance de l'épreuve du réel, de l'histoire et du tragique qui lui est inhérent. Et quand ce dernier vient troubler la fête, on s'efforce de le conjurer au plus vite par l'expression publique de son émotion et de bons sentiments. L'une des manifestations les plus pathétiques de cette mentalité eut lieu en octobre 2004, quand la mairie de Paris et Reporters sans frontières ont souhaité que la « Nuit blanche » permette aussi aux Parisiens de « partager leurs pensées avec tous ceux qui sont pris en otage », en allumant une bougie placée sur le rebord de leur fenêtre et en signant une pétition. Cette « Nuit blanche » fut dédiée à Françoise Sagan, une femme qui a aimé la nuit, et aux otages qui vivaient la nuit d'une tout autre manière.

La fête est le miroir du nouveau monde, qui lui renvoie une image de lui-même des plus angéliques, et comme telle indiscutable. Accolée aux manifestations les plus variées, elle est devenue une sorte de label d'une modernité heureuse et son certificat de bonne conduite. Pour fictif que soit cet univers, il n'en repose pas moins sur la réalité d'un « pouvoir culturel » disposant de moyens, de relais médiatiques et de multiples réseaux qui entretiennent et reproduisent cet imaginaire en veillant à stigmatiser et écarter les « trouble-fêtes ».

Le regretté Philippe Muray, qui a su voir dans le phénomène festif tout autre chose qu'une évolution heureuse de l'humanité, fut un « trouble-fête » à nul autre pareil. Il a mis en lumière, comme personne avant lui, la mentalité et les comportements d'un nouveau type d'individu, « Homo festivus », montré comment l'accumulation des fêtes servait de consolation aux sociétés qui relèguent leur passé et leur héritage dans les ténèbres. Pour lui, le « festivisme » qui se répand partout incarne la « fin de l'histoire » et un « monde humain en train de se métamorphoser »[1]. À travers le « personnage conceptuel[2] » de « Festivus Festivus », il décrit un « bouleversement ontologique complet accompagné d'une métamorphose anthropologique toujours en cours, dans lesquels le festivisme devient l'occupation qui doit déloger toutes les autres et satisfaire pleinement l'*être* transformé sans que celui-ci ait le moindre moyen, désormais, de s'interroger sur de si graves phénomènes[3] ».

Une telle interprétation, si novatrice et stimulante soit-elle, n'en comporte pas moins ses limites et ses impasses. Elle confère au phénomène festif une portée métaphysique qui permet d'englober sous sa coupe l'ensemble des phénomènes problématiques du nouveau monde ; elle induit une vision totalitaire des conditions d'existence dans les sociétés démocratiques[4] qui fait des

---

1. Philippe Muray, *Festivus Festivus,* conversations avec Élisabeth Lévy, Flammarion, « Champs essais », 2008, p. 26.

2. *Ibid.*, p. 10.

3. *Ibid.*, p. 27.

4. Cette représentation est également présente dans la notion de « Société du spectacle » des situationnistes.

individus – du moins de l'immense majorité d'entre eux – des êtres totalement aliénés et asservis.

Il y a bien, dans les fêtes du nouveau monde, un infantilisme désarmant régi par le principe du plaisir qui « abolit toute différenciation, toute disparité, toute contradiction[1] ». Mais l'écart avec la réalité n'est pas totalement aboli, sinon peut-être dans les formes et les moments festifs les plus extrêmes, avec l'absorption démesurée d'alcool et de drogues diverses. Dans ce cas, l'épreuve du réel revient sous la forme des durs lendemains qui déchantent ou de situations plus tragiques. Les fêtes plus paisibles du nouveau monde sont loin de procurer un tel plaisir. La fusion dure l'espace d'une brève rencontre ou n'a pas lieu, l'émotion est loin d'être toujours largement partagée, et les belles valeurs données en partage se heurtent à la réalité des tensions, des incivilités et des violences qui peuvent accompagner les festivités.

Pour beaucoup, cela importe peu par rapport à l'envie perpétuellement relancée d'« en être », d'« aller voir » et de participer à ce qu'on nomme désormais des « événements ». « L'irréel, écrit justement Philippe Muray, est devenu une commande sociale[2] » et la machinerie de la fête et des spectacles de rue paraît ne jamais s'arrêter.

Mais, au risque d'apparaître optimiste, il me semble que le rapport des individus au « festivisme » – comme aux autres discours et pratiques qui entendent construire un monde fictif et angélique (idéologie managériale, pédagogisme...) – demeure marqué par l'ambivalence et l'insatisfaction. Les participants aux fêtes du nouveau

1. Philippe Muray, *Festivus Festivus, op. cit.*, p. 33.
2. *Ibid.*, p. 35.

monde ne sont pas tous dupes et n'entrent pas tous dans le jeu ; beaucoup « en prennent ou en laissent » selon leur bon plaisir sans pour autant adhérer à la fantasmagorie qui les accompagne et fascine ceux qui veulent bien s'y laisser prendre ou ceux qui en sont devenus les promoteurs et les professionnels attitrés.

Depuis les années 1980, « Festivus Festivus » a étendu son emprise dans l'ensemble de la société avec l'aide de l'État, des collectivités territoriales et des institutions, mais son monde fictif et enjolivant n'exerce pas nécessairement aujourd'hui la même fascination et les œuvres culturelles n'ont pas pour autant disparu. L'activisme festif des milieux branchés, des médias et de la communication est la pointe extrême et la caricature d'un phénomène qui joue le rôle bien réel de leurre mais ne concerne pas pareillement l'ensemble de la population. L'animation festive est entretenue et relayée par des catégories sociales qui ont érigé l'activisme festif en nouveau mode de vie et de distinction. D'autres en ont fait leur principale activité et leur métier (plus ou moins précaire), avec une tendance à se croire les professionnels de la « recréation de lien social » et de la « citoyenneté ». Ces milieux, qui disposent de nombreux relais au sein de l'État, des secteurs des médias et de la communication, ont tendance à se prendre pour le centre du monde, en ignorant superbement qu'une autre partie de la population est à mille lieues de leur univers mental et de leurs préoccupations, ce qui n'empêche pas cette dernière de se distraire de temps en temps, d'éprouver encore du plaisir à ne rien faire ou de se former en compagnie des œuvres qui permettent d'approfondir leur humanité.

En d'autres termes, si « Festivus Festivus » décrit bien un phénomène inédit, il ne me semble pas pour autant être devenu la « force motrice du monde post-historique[1] » ni que nous ayons affaire à la « marche irréversible » d'une « humanité en sécession d'humanité »[2]. Le phénomène festif contemporain constitue plutôt l'une des fractures problématiques du nouveau monde dont l'inhumanité bien réelle n'est pas nécessairement l'horizon indépassable de notre temps.

---

1. Philippe MURAY, *Festivus Festivus, op. cit.*, p. 26.
2. *Ibid.*, p. 10.

d'« engagement des corps et des mots [illegible] « donnent à voir l'invisible et soulèvent [illegible] émotions »... mais aussi d'[illegible] qui « refuse tout formatage [illegible] quilibre stimulant », [illegible] la rue » reprennent à leur compte les [illegible] des saltimbanques, [illegible] lière, en les intégrant dans l'[illegible] comme l'un des modes de la mise en [illegible]

Par-delà le langage [illegible] de rue peuvent faire preuve d'imagination [illegible] nement et plaisir. Les spectacles [illegible] souvent produits par des compagnies [illegible] pas pour de grands créateurs.

Avec Royal de Luxe, l'une des plus [illegible] gnies, « lâcher son rire, c'est [illegible] et l'on peut saluer l'imagination dont [illegible] fait preuve, être séduit par le [illegible] les immenses marionnettes et leur [illegible] divers géants, l'« Éléphant du Sultan » [illegible] à piano »). Ce qui compte avant tout, [illegible] images et des effets spéciaux qui surprennent [illegible] et mêle l'imaginaire et la réalité.

Certains des spectacles de rue inspirés [illegible] surréalisme peuvent prêter à sourire. [illegible] clic-clac pour mieux se reposer [illegible] tions, les « cabines téléphoniques [illegible] meilleure hygiène », les « lampadaires [illegible] aquarium pour lutter contre le sentiment d'[illegible] maintenant une présence vivante la nuit [illegible]

1. Cf. site Royal de Luxe, Jean-Luc Courcoult [illegible]
2. Cf. site Groupe Ici-Même, « Surprises urbaines » [illegible]

V

De nouvelles formes de religiosité diffuse : développement personnel, néobouddhisme et écologie

La réaffirmation la plus visible des religions dans l'espace public prend aujourd'hui la forme d'un retour du traditionalisme et du communautarisme qu'on aurait pu croire disparus avec le développement de la modernisation de l'après-guerre. Le port du voile chez les femmes de confession musulmane, la distinction du « pur » et de l'« impur » dans les pratiques alimentaires, l'endogamie… en sont les signes les plus manifestes.

L'affirmation ostentatoire du traditionalisme et du communautarisme religieux dans l'espace public apparaît comme un retour en arrière pour une partie de la population qui demeure attachée à une certaine idée de la France et de l'Europe liée à la modernité démocratique. Cette fracture met en jeu des conceptions différentes des croyances et des pratiques religieuses, de leur place et de leur rôle dans la cité. Les déstructurations anthropologiques peuvent amener des individus à trouver dans le fondamentalisme religieux un « point de vue de certitude » qui restructure à sa façon leur identité en morceaux. Ces conversions peuvent verser dans le fanatisme. L'islamisme radical en est l'exemple frappant.

Ces réalités ne sauraient pour autant faire oublier d'autres formes plus douces de religiosité qui ne concernent pas globalement les mêmes catégories de population. Au sein du christianisme, on assiste parfois à un mélange entre les liturgies, les rituels traditionnels et les manifestations ostentatoires du nouvel individualisme sur un mode sentimental et festif. Les Églises catholiques et protestantes doivent désormais compter avec les courants charismatiques et évangéliques qui invoquent l'Esprit saint en chantant et en se trémoussant. Le retour en vogue des anciens pèlerinages, comme celui de Compostelle et d'autres, peut tenir tout autant du « ressourcement spirituel » que de la « rando » pour « se vider la tête » et faire des rencontres[1].

Le retour du fondamentalisme et du communautarisme constitue en fait l'un des symptômes les plus visibles d'un malaise dans la démocratie qui se comble religieusement de multiples manières. De ce point de vue, nous assistons à de nouvelles reconfigurations qui ne recoupent pas les croyances religieuses de l'ancien monde, mais font apparaître de nouvelles formes de religiosité diffuse. En dehors des religions constituées

1. Le film d'Emilio Estevez, *The Way* (2010), avec Martin Sheen montre à sa façon les motivations diverses de ceux qui décident d'effectuer ce pèlerinage et les rencontres qu'ils peuvent faire à cette occasion, en même temps qu'il témoigne d'une quête individuelle sentimentale et religieuse en liaison avec les autres et la nature symptomatique des nouvelles formes de religiosité diffuse.

se développent de nouveaux discours et pratiques qui forment de très curieux mélanges.

Un bazar psychologique et spirituel

Le magazine *Psychologies*[1], qui connaît un succès important, reflète à l'extrême un nouveau patchwork existentiel et culturel à base de psychologie et de spiritualité. Il offre un miroir dans lequel les individus sentimentaux et victimaires retrouvent une image d'eux-mêmes, en même temps qu'il leur fait connaître les multiples thérapies supposées remédier à leur mal-être.

Des questions qui antérieurement relevaient de la sphère privée, de l'intimité ou des consultations médicales s'étalent désormais dans le journal, même si, à la différence de la télévision, les personnes qui les posent restent sans visage (chacun étant désormais appelé par un prénom, qui paraît interchangeable) : « Notre fils de dix ans se caresse le sexe devant nous. Quelle attitude adopter[2] ? » « Peut-on amener notre fille qui a été violée à ne pas se sentir coupable ? » Certaines questions semblent nécessiter un traitement thérapeutique sans trop attendre : « Ma fascination pour les psychopathes est-elle normale ? » D'autres ne peuvent manquer d'étonner certains lecteurs qui doivent bien finir

1. Créé en 1970, ce mensuel a été racheté et transformé par Jean-Louis Servan-Schreiber en 1997. Sa diffusion est passée de 75 000 exemplaires en 1997 à 370 000 exemplaires en 2007. Il a été vendu et racheté en 2014. La nouvelle formule se veut moins « psychologiquement correcte. » et paraît moins directement branchée sur les nouvelles formes de spiritualité.

2. « Questions à Claude Halmos », *Psychologies Magazine*, n° 247, décembre 2005.

par admettre que nous sommes entrés dans un nouveau monde déconcertant : « Ma thérapeute me fait douter de moi, comment m'y retrouver ? » « Comment surmonter la mort de ma psychanalyste ? » « Mes peurs inexpliquées peuvent-elles parvenir de vies antérieures ? »[1]...

Dans les années 1990 et 2000, *Psychologies Magazine* a poussé au plus haut point le mélange des genres entre psychologie, philosophie, sagesses antiques et spiritualités hétéroclites. Se sont ainsi côtoyés à la une, à côté des photos de *people*, des titres comme « L'art de la réconciliation », « L'éjaculation précoce » et « Comment parler de Dieu à ses enfants ? », tandis que, dans les pages intérieures, les soins du corps, les recettes du « manger bio », les tests et les exercices pratiques coexistaient avec les sagesses antiques, les psychologies et les religions les plus diverses.

Pour « avoir moins peur de la vie et de la mort », des personnalités de confessions bouddhiste, juive, musulmane, protestante ou s'inspirant de la spiritualité indienne ont expliqué, chacune à leur manière, comment leur religion les aide à affronter leurs peurs et trouver la paix intérieure. Les prières considérées comme une « multiplicité des routes vers ce désir de divin[2] » prennent parfois des formes étonnantes : « Quand je prie dans la journée, je visualise un téléphone qui a une ligne directe avec le Ciel. Quand je suis d'humeur légère, ce sont des petits anges qui décrochent de l'autre côté ; quand je suis plus angoissée, plus grave, c'est un être âgé, sage

---

1. *Art. cité*, n° 244, septembre 2005, n° 218, avril 2003, n° 244, septembre 2005, n° 247, décembre 2005, n° 218, avril 2003.

2. Brice Perrier, « Comment nous prions », *Psychologies Magazine*, n° 218, avril 2003.

et imposant qui me répond[1] » ; « Avant d'aller "rider", je passe un long moment à regarder la montagne. Je comprends alors combien je suis petit face à elle et je lui demande : "Sois indulgente avec moi, fais que tout se passe pour le mieux." Je ne sais pas si c'est vraiment une prière, mais le contact avec la nature me fait prendre conscience de sa force et de sa perfection[2]. » Les cristaux et les pierres comportent eux aussi quelque mystère que l'on peut éprouver lors d'un massage qui « dénoue les problèmes dans le non-verbal » et libère les énergies en nous faisant ressentir une force mystérieuse[3].

Ce bric-à-brac psychologique et spirituel a atteint son apogée dans « Les annonces du mieux-vivre », qui permettent de découvrir sous une forme publicitaire l'importance de l'offre des thérapies et formations en tout genre : sophrologie existentielle, nutrilogie, massages plus ou moins asiatiques, astro-psychologie, hypnose ericksonienne, kinésiologie, astrologie, ayurvéda, art-thérapie, programmation neuro-linguistique, coaching et relations humaines… Tout est bon à prendre pourvu que « ça aide » et que « ça fasse du bien », tout en n'omettant pas de dire qu'il faut se méfier des gourous et des charlatans. Par quoi ce magazine reflète l'un des traits les plus marquants du nouveau monde : l'incohérence et le déni avec un ton décontracté et souriant, pourvu que les affaires marchent.

---

1. Marie, 28 ans, directrice de production, « Comment nous prions », *art. cité.*

2. Julien, 21 ans, skieur professionnel, « Comment nous prions », *art. cité.*

3. Odile Chabrillac, « Lithothérapie. Des pierres si précieuses », *Psychologies Magazine*, n° 224, novembre 2003.

Dans ce domaine, le « développement personnel » occupe désormais une place centrale dans les rayons et les tables des grandes librairies, avec un nombre de titres qui a augmenté au fil des ans.

Ceux consacrés au management de la ressource humaine entendent non seulement « accompagner le changement », mais offrir les « clés » de la performance et de la réussite : « motivation », direction d'équipes, « leadership », « communication », « créativité »... Par-delà leur diversité, ces outils développent une approche comportementaliste et techniciste de l'être humain qui prétend détenir les clés de la performance[1].

L'attrait des individus pour les outils du développement personnel ne se limite pas à cet aspect. Plus fondamentalement, le développement personnel met à disposition une série d'outils qui permettent une connaissance de l'individu rapide et « transparente » débouchant sur un programme ou un projet de réalisation ne dépendant que de soi-même. Comme on le lit si bien dans *Psychologies Magazine*, « le développement personnel, c'est d'abord une affaire entre soi et soi[2] » afin de « devenir le héros de sa propre vie[3] ». À chacun de choisir l'outil qui lui convient le mieux.

Depuis les années 1980, la thématique du développement personnel a évolué. Le nombre de livres consacrés

1. Pour une analyse critique plus détaillée de ces outils, cf. Jean-Pierre Le Goff, chap. 1 « Les outils miracles du management », *Le Mythe de l'entreprise. Critique de l'idéologie managériale, op. cit.*

2. Jean-Louis Servan-Schreiber, « L'aventure intérieure vous attend », *Psychologies Magazine hors-série, Le Guide du développement personnel,* n° 6, octobre-novembre 2005.

3. Pascal Senk, « Devenir le héros de sa propre vie », *ibid.*

à la performance en entreprise continue d'être important, mais les outils de connaissance et de réalisation de soi à dimension thérapeutique et spirituelle ont pris le dessus. Les licenciements, le stress, le « harcèlement moral » au travail ont mis en question tout un discours managérial ; la « souffrance » occupe désormais une place prépondérante[1].

Ces multiples publications continuent de répondre à un même type de demande et d'imaginaire : celui de la transparence et de la réalisation de soi grâce à un certain nombre d'« outils miracles » faciles d'utilisation, parés de la double légitimité des « sciences » (psychologiques, cognitives, neurolinguistiques...) et des spiritualités plus ou moins exotiques. Désormais, le développement personnel est intégré aux nombreuses rubriques « santé et bien-être » dans les médias, sur le Net et les réseaux sociaux.

Parmi les derniers outils en vogue, l'« ennéagramme » connaît un succès certain. Cette figure ésotérique est composée d'une étoile à neuf branches dont les pointes sur le périmètre du cercle correspondent à neuf types (ou « ennéatypes ») différents de personnalités[2], elles-mêmes

---

1. En 2015, au classement des meilleures ventes dans la catégorie « développement personnel », des livres comme *Power patate. Vous avez des super pouvoirs ! Détectez-les et utilisez-les !* (Marabout, 2014) ou *3 kifs par jour et autres rituels recommandés par la science pour cultiver le bonheur* (Marabout, 2014) de Florence Servan-Schreiber, côtoyaient *Les Quatre Accords toltèques. La voie de la liberté personnelle* (éditions Poche Jouvence, 2005), du chaman mexicain Don Miguel Ruiz, *Le Pouvoir du moment présent. Guide d'éveil spirituel* (J'ai lu, coll. « Bien-être », 2010), d'Eckhart Tollé, qui se réfère tout à la fois au bouddhisme, au soufisme, à l'Ancien et au Nouveau Testament.

2. Le « perfectionniste », l'« altruiste », le « battant », le « romantique », l'« observateur », le « loyal », l'« épicurien », le « chef », le « médiateur », cf. Centre d'études de l'ennéagramme « Manger autrement ». Cette classification est présentée de façon différente par l'Institut français de l'ennéagramme, cf. site Internet.

reliées à trois « centres » qui déterminent le comportement : « mental », « émotionnel », « corporel ». À chaque type correspondent un comportement d'évitement et des mécanismes de défense face à telle ou telle situation.

L'incroyable littérature consacrée à cet outil constitue un curieux mélange de Meccano comportementaliste et de réflexions ésotériques[1]. L'ennéagramme, comme beaucoup d'autres outils du développement personnel, a tous les traits d'une nouvelle gnose, dont le savoir obscur serait désormais à la portée de tous, donnant accès aux mystères de la personne et de sa transformation. Cet aspect n'est sans doute pas pour rien dans la fascination qu'il suscite chez les initiés.

Une religieuse catholique, « formatrice certifiée en ennéagramme », décrit on ne peut mieux l'effet que peut produire ce genre d'outil-miracle de la « connaissance de soi » sur les néophytes : « En un temps restreint, des mots clairs comme de l'eau de roche et tranchants comme un rasoir se sont posés sur des mécanismes personnels. Je découvrais en même temps une explication de ma singularité ainsi que la conscience rassurante et étrange que je n'étais pas la seule à "être comme cela"[2]. » L'ennéagramme, écrit-elle encore, a été une chance pour « revisiter ma vie spirituelle à la lumière de cet outil de transformation » : « J'ai redécouvert notamment avec plaisir ma facilité à m'adresser à l'Esprit saint lors de mes prières. J'ai eu la chance de comprendre d'autres façons

1. Voir notamment Fabien et Patricia CHABREUIL, *L'Ennéagramme. Dynamique de connaissance et d'évolution*, Institut français de l'ennéagramme, Paris, 1993, 1994, 2002, et « Qu'est-ce que l'ennéagramme ? », Centre d'études de l'ennéagramme.

2. Marie Dolores MARCO, « Ennéagramme et vie spirituelle chrétienne », *Christus*, n° 245, janvier 2015.

d'approcher Dieu. [...] À travers l'ennéagramme, j'ai ressenti en mon cœur le dessein de Dieu nous voulant multiples mais unifiés à lui[1]. » Des groupes de catholiques réfléchissent au lien de cet outil avec la foi chrétienne et dans certains monastères, centres spirituels et communautés religieuses l'ennéagramme est considéré comme un simple outil de la « connaissance de soi ». Une telle appréciation demeure minoritaire chez les catholiques qui se montrent critiques envers la notion de « développement personnel »[2].

La méditation pour tout un chacun

Dans un autre registre, néobouddhiste, la connaissance et la maîtrise de soi passent par la méditation, qui fait l'objet d'un véritable engouement. On ne compte plus les succès des livres portant sur la méditation[3], les psychothérapies et les religiosités orientales. Traduits en plusieurs

---

1. Marie Dolores MARCO, *art. cité.*

2. La majorité des articles du numéro de *Christus* consacré au développement personnel vont dans ce sens.

3. Les deux maisons d'édition L'Iconoclaste et Les Arènes ont vendu 700 000 livres sur la méditation. Au top des ventes : Christophe ANDRÉ, *Méditer jour après jour,* L'Iconoclaste, 2011 (350 000 exemplaires) ; Marc DE SMEDT, *Techniques de méditation et pratiques d'éveil* (150 000 exemplaires). Cf. Stéphanie CONDIS, « Le business de la méditation. Mammon contre Bouddha », *L'Obs Hors-série,* Méditation : les pouvoirs de l'esprit, juillet-août 2015. Quant au vénérable HENEPOLA GUNARATANA, il semble connaître un succès qui ne se dément pas : son livre *Initiation à la méditation profonde en pleine conscience* aurait été vendu à plus d'un million d'exemplaires dans le monde. Son dernier livre, *Méditer au quotidien,* éditions Marabout, 2013, a atteint les 130 000 exemplaires. Le livre de Matthieu RICARD, *L'Art de la méditation* (« Le livre qui fait du bien »), NiL, 2008, et Pocket, 2010, était en tête des dix livres de spiritualité qui ont fait le plus parler d'eux sur Internet.

langues, ils dépassent souvent les 100 000 exemplaires. Les conférences sur la méditation font salle comble, comme celles du célèbre moine bouddhiste Matthieu Ricard et du psychiatre Christophe André[1], au Cirque d'hiver à Paris en octobre 2013, ou de Jo Kabat-Zinn, professeur américain de médecine, créateur de la « pleine conscience », au théâtre des Folies Bergère en avril 2015. Des formules reviennent en boucle dans la rubrique « Psychologie » de grands médias : « Être là pour pouvoir se relier à nos ressources », « Avoir la conscience de ce qu'on vit en soi », « Pouvoir se relier », « Ramener sa concentration sur son corps », « Favoriser de nouvelles connexions dans notre cerveau afin d'être en phase avec nos vies »[2]...

Par-delà ces formules toutes faites, la promotion de la méditation dans l'espace public repose sur un même type d'argumentaire répété à satiété qui joue sur plusieurs registres à la fois : thérapie, outil pratique, découverte de soi en toute autonomie, autorité scientifique et « spiritualité laïque ».

Tout d'abord, la méditation a des effets thérapeutiques indéniables : non seulement elle permet de développer la concentration, de « gérer » son stress, mais elle maintient le dos droit, baisse la tension artérielle, renforce le système immunitaire et semble avoir d'excellents résultats dans le domaine des douleurs chroniques et postopératoires, de l'angoisse, voire de la dépression. Aux États-Unis, la méditation est pratiquée dans des centres hospitaliers

---

1. Christophe André, médecin psychiatre, est l'un des premiers à avoir introduit la méditation en psychothérapie, à l'hôpital Sainte-Anne à Paris.

2. « Psychologie dernière », interview d'une psychothérapeute, *France Info*, 23 juin 2014. On peut également trouver sur Internet de très nombreux sites sur la méditation et une application à télécharger pour smartphone (les huit premières méditations sont gratuites).

et enseignée en faculté de médecine. En France, elle commence à être introduite dans des hôpitaux et dans des entreprises pour les cadres stressés et à la limite du *burn out*[1].

La méditation est en même temps une méthode et un « outil » pour se connaître soi-même et elle est facile d'utilisation. Il suffit de s'y mettre en suivant le guide ou le mode d'emploi. Matthieu Ricard, qui a déjà médité plus de quarante mille heures, recommande vingt minutes par jour pour commencer pendant huit semaines avec plusieurs positions possibles et supports de concentration[2].

La méditation a également un autre attrait : elle est liée à la science dans la mesure où elle a été testée et vérifiée en laboratoire. Matthieu Ricard, qui fut chercheur en génie cellulaire, n'a pas manqué de le faire savoir : dans le cadre de la recherche en neurosciences, il a passé plusieurs centaines d'heures à méditer sous IRM (imagerie par résonance magnétique) et pratiqué des électroencéphalographies assis en tailleur avec des dizaines de capteurs collés sur la tête. Les études des « neurosciences de la méditation » ont ainsi montré que la méditation active certaines zones du cerveau qui permettent de maintenir l'attention et de réguler les émotions. Les pratiquants savent cela depuis longtemps sans passer par des tests en laboratoire, mais la caution des neurosciences peut en impressionner plus d'un. Comme le dit et le répète Sa Sainteté le dalaï-lama, « la

1. Se référant à la méditation de la pleine conscience, l'École de management de Grenoble a créé une chaire « Mindfulness, bien-être au travail et paix économique », qui traite du « développement personnel » des managers.

2. Fl. E. « Vingt minutes par jour pour commencer », *Le Monde,* 22 octobre 2008.

méditation n'est ni une pratique ni un enseignement religieux, c'est « simplement une science de l'esprit »[1]. Et si, malgré tout, on reconnaît une dimension spirituelle à la méditation, on s'empresse de préciser qu'elle n'implique nulle transcendance et n'a rien à voir avec la religion ; tout au plus peut-on parler de spiritualité laïque.

Inspirée de la méditation bouddhiste, la méthode dénommée « pleine conscience » pour réduire le stress (*Mindfulness Based Stress Reduction* MTB)[2] condense tous ces atouts. Dans les pays anglo-saxons et scandinaves, la formation à cette méthode de méditation est largement répandue. Aux Pays-Bas, les enseignants des établissements primaires bénéficient d'une formation gratuite à la méditation à l'école, payée par le ministère de l'Éducation nationale. Il n'en va pas de même en France, où l'on se méfie encore de la méditation en pleine conscience appliquée aux enfants ; une évaluation a été demandée sur le sujet[3]. Sans plus attendre, des associations et des psychothérapeutes ont saisi ce créneau et mis en place des formations de praticien de méditation pour enfants et adolescents[4]. Bien que l'entreprise ne soit pas vraiment une collectivité méditante, le « top

---

1. Le dalaï-lama *in* DALAÏ-LAMA, et Stéphane HESSEL, *Déclarons la paix ! Pour un progrès de l'esprit,* Indigène éditions, 2012, p. 22.

2. Jon Kabat-Zinn a fondé une clinique spécialisée ainsi qu'un Centre de réduction du stress et un Centre consacré à la pleine conscience (*Center for Mindfulness in Medicine, Health Care and Society*).

3. Étude effectuée sous la direction du laboratoire de l'INSERM *Research for Epidemiology and Biostatistics* de l'université de Bordeaux dans plusieurs établissements scolaires français et belges afin d'évaluer les effets de la méthode sur la réussite scolaire et le bien-être des enfants à l'école. Cf. *Kaizen Magazine*.

4. « Mindful up », formation mise en place par Jeanne SIAUD-FACCHIN, auteur de *Tout est là, juste là. Méditation de pleine conscience pour les enfants et les ados aussi,* Odile Jacob, 2014. Voir aussi le site Internet « Enfance

management » de grands groupes a commencé à méditer dans des séminaires et des formations, sans qu'on sache encore précisément les bénéfices qu'il a pu en tirer. Comme le dit une spécialiste, « certains préfèrent parfois parler de formation au leadership positif pour rassurer les employeurs, car le terme méditation peut être perçu comme ésotérique[1] ».

Contrairement à ce que proclament ses adeptes, qui la présentent comme définitivement débarrassée de toute optique religieuse, cette forme de méditation demeure ancrée dans la conception du monde et la spiritualité bouddhistes. La « pleine conscience » se veut une « pratique universelle qui mène à la libération de la souffrance ». Son fondateur se définit comme un « étudiant passionné par la méditation bouddhiste, mais pas un bouddhiste ». Il n'en est pas moins conscient de l'importance de la voie montrée par Bouddha et développe un « travail sur soi-même du même type »[2].

Matthieu Ricard, qui fait des allers et retours entre le Tibet, l'Europe et les États-Unis, prône, quant à lui, la « méditation bienveillante » (*Caring Mindfulness*). Contrairement aux apparences, la pratique de la méditation est pour lui « tout sauf une forme de repli sur soi[3] ». C'est bien plutôt « entraîner son esprit pour

---

et attention » et « Cogito'Z », Centre français de diagnostic et de prise en charge des troubles des apprentissages scolaires.

1. Florence SERVAN-SCHREIBER, citée par Stéphanie CONDIS, « Méditer et travailler. Quand l'entreprise fend l'armure », *L'Obs Hors-série, Méditation : les pouvoirs de l'esprit,* juillet-août 2015.

2. Jon KABAT-Zinn, « La méditation selon le Dr Jon Kabat-Zinn », propos recueillis par Catherine BARRY, magazine *Clés.*

3. Matthieu RICARD, « La méditation bienveillante, une nouvelle frontière », *L'Obs Hors-Série, loc. cit.*

devenir un meilleur être humain, pour se transformer intérieurement et pouvoir ainsi mieux se mettre au service d'autrui[1] ». Une telle « méditation bienveillante » néobouddhiste » pourrait ainsi être d'un grand secours pour le personnel hospitalier, mais aussi pour les éducateurs et les parents.

Être gentil, c'est agréable ; être gentil, c'est bon…

Dans le domaine de la méditation pour enfants, c'est pour l'instant la « pleine conscience » qui semble avoir conquis le marché. Le livre *Calme et attentif comme une grenouille. La méditation pour les enfants… avec leurs parents*[2], de la psychothérapeute néerlandaise Eline Snel, accompagné du CD *11 méditations guidées*, constitue une référence[3]. Il est composé de témoignages et d'exercices ludiques d'observation et de relaxation pour les enfants de cinq à dix ans et leurs parents : se concentrer sur la respiration, apprendre à rester assis avec attention » (exercice de la grenouille), à regarder ou à manger avec attention… Les différents « trucs pour la maison » (« météo émotionnelle », « boîte à rumination », « arbre à souhaits »…) ont des aspects enfantins

1. *Ibid.*

2. Eline Snel, *Calme et attentif comme une grenouille*, Les Arènes, 2012. Préface de Christophe André. Traduit du néerlandais par Jacques Van Rillaer. Illustré par Marc Boutavant. CD *11 méditations guidées* avec la voix de Sara Giraudeau.

3. Ce livre a fait l'objet, en 2015, d'une importante campagne de promotion sous forme d'affichage dans les gares et le métro parisien : « Un livre qui change la vie de vos enfants », « Plus de 150 000 parents et enseignants enthousiastes ». Les chiffres de vente dans le monde entier seraient de plus de 200 000 exemplaires.

et charmants. Comme le dit l'un des chapitres, « Être gentil, c'est agréable ». Et de fournir des astuces pour y parvenir. « Rendre coup pour coup n'est pas la bonne solution »[1].

Parmi les « trucs pour la maison », l'exercice « Je t'aime parce que… » consiste en ce que chaque membre de la famille écrive ce qu'il trouve « agréable, super ou inoubliable » chez les autres. Un parent rassemble le tout, écrit les compliments sur de petits papiers et les glisse sous les oreillers : « C'est émouvant de découvrir à quel point on est apprécié ou aimé tel que l'on est. Cela fait chaud au cœur de lire, noir sur blanc, ce que l'on entend (trop) peu souvent[2] ».

À lire tous ces conseils et à entendre ces 11 méditations guidées par une voix douce, il en ressort une étrange impression : celle de retrouver un monde de l'enfance où se côtoient enfants et parents. Avec les « exercices de gentillesse[3] » pratiqués en commun, les enfants « prennent la mesure du sentiment d'amour » et redeviennent gentils avec maman et papa (quand il est présent). La méditation le soir avant de s'endormir remplace le « marchand de sable », les contes et les histoires que pouvaient raconter les parents et les grands-parents qui n'ont plus le temps ou ne savent plus comment s'y prendre avec des enfants agités. Les belles photographies d'enfants assis en tailleur les yeux fermés et l'écoute du CD, avec le son aigu d'une clochette, les silences, la voix apaisante et quelque peu hypnotique de Sara Giraudeau,

1. Eline Snel, *Calme et attentif comme une grenouille*, *op. cit.*, p. 123.
2. *Ibid.*, p. 120-121.
3. *Ibid.*, p. 114.

produisent des effets de calme, voire d'endormissement, qui ne semblent pas concerner seulement les petits enfants. *Calme et attentif comme une grenouille* a des aspects de régression infantile. C'est une sorte de version méditative du « monde des Bisounours », dessin animé bien connu où, « grâce à leurs pouvoirs magiques, les Bisounours t'emmènent dans un monde merveilleux rempli d'amour et d'arcs-en-ciel[1] ».

À vrai dire, même adaptée aux enfants, la pleine conscience n'est pas une simple méthode de relaxation. À travers les exercices, c'est un autre rapport à la pensée et au corps qui est diffusé. La méditation de la pleine conscience délivre d'étranges leçons aux enfants : elle associe étroitement les pensées et les idées aux sentiments et aux émotions, elle apprend que « ce n'est pas tant la situation qui constitue le problème que votre propre réaction[2] », que « tout vient à changer[3] » ; elle développe le « sens de la compassion » et le « lâcher prise », qui est « acceptation », « accueil qui ouvre des portes »[4]... Discours gentillet, exercices et trucs divers pour la maison, pour efficaces qu'ils puissent être pour calmer les enfants, n'en diffusent pas moins un néobouddhisme qui ne dit pas son nom.

1. Présentation du dessin animé « Les Bisounours », Gulli, chaîne de télévision de dessins animés pour enfants.

2. Eline Snel, *Calme et attentif comme une grenouille, op. cit.*, p. 32.

3. *Ibid.*, p. 127.

4. *Ibid.*, p. 132.

Bouddhistes dans les campagnes

Le bouddhisme est devenu la quatrième religion en France. Le représentant de l'Union bouddhiste de France, qui fédère 80 % des associations des différents courants, est invité à la cérémonie des vœux aux religions qui se déroule chaque année à l'Élysée ; le *Vesak*, fête religieuse qui commémore la naissance, l'éveil et le décès du Bouddha il y a deux mille six cents ans, figure désormais sur la liste des fêtes religieuses établie par le ministère de la Fonction publique, donnant droit à un jour de congé aux fonctionnaires qui se réclament de cette spiritualité.

Le bouddhisme dispose désormais en France et en Europe d'un courant de sympathie qui va bien au-delà de ceux qui s'en réclament explicitement. Son influence ne se limite pas au nombre de pratiquants[1] et de centres[2]. Si les convertis-pratiquants sont peu nombreux, il n'en va pas de même des sympathisants, qui vont aux conférences, participent aux sessions de formation ou de méditation, achètent des livres bouddhistes dont certains sont devenus des best-sellers[3].

---

1. Il n'existe pas de statistiques fiables sur ce point. Le nombre de pratiquants varie de 600 000 à 1 million, les trois quarts étant d'origine asiatique. Quant aux Français convertis au bouddhisme, les chiffres varient de 150 000 à 300 000. Les pratiquants vraiment réguliers ayant sérieusement épousé cette spiritualité se chiffrent à quelques dizaines de milliers.

2. Les chiffres sont là aussi très variables selon qu'il s'agit de temples, de centres de méditation appartenant aux différentes obédiences : cinquante à plusieurs centaines, sans que soit distingué clairement le type de centre et d'association dont il est question.

3. Les chiffres des ventes varient entre 200 000 et 300 000.

Installés à la campagne dans différentes régions, le plus souvent sur des sites avec « vue imprenable », les centres et les temples à l'architecture tibétaine, aux couleurs chatoyantes, contrastent fortement avec les constructions de type européen et sont visibles de loin. Elles ne semblent pourtant pas avoir rencontré de grandes difficultés pour obtenir les permis de construire.

Le plus important centre bouddhiste d'Europe se situe dans un parc paysager faisant face au Puy-de-Dôme et aux monts d'Auvergne. Il est composé de deux monastères, de plusieurs centres de retraite et du « temple du Karmapa », d'une superficie de cinq cents mètres carrés, au centre duquel siège une statue de Bouddha de cinq mètres de haut, entourée de multiples statues. Situé au nord-ouest de Montpellier, surplombant une forêt domaniale, le temple Lerab Ling est l'un des plus grands temples tibétains d'Europe avec ses couleurs criantes et sa statue du bouddha Shâkyamuni de sept mètres de haut, ce qui en fait un lieu de découverte recommandé par les guides touristiques du Languedoc-Roussillon. L'inauguration en grande pompe de ce temple en 2008 par le dalaï-lama, en présence de Carla Bruni-Sarkozy et de Bernard Kouchner, alors ministre des Affaires étrangères, et de Rama Yade, secrétaire d'État, n'en a pas moins donné lieu à une cérémonie d'accueil et des rituels des plus exotiques qui ont des allures de *Tintin au Tibet*[1].

Dans la campagne normande, à Aubry-le-Panthou, a été inauguré un sanctuaire bouddhiste tibétain

1. La vidéo tournée à l'occasion de la visite du dalaï-lama donne un aperçu de la culture tibétaine et la dévotion dont il est l'objet. Cf. sur dailymotion « Visite du dalaï-lama à Lerab Ling ».

Vajradhara Ling (le jardin du Bouddha Vajradhara). On y trouve un moulin à prières de trois tonnes, décoré de divinités, une statue de Vajrasattva (Bouddha du courant vajrayâna) et du Bouddha historique, un *stûpa*, monument en forme de dôme de vingt-trois mètres qui, d'après les adeptes, diffuse des énergies positives[1]... Quant à la construction sur ce même lieu du Temple pour la paix, il a connu quelques déboires après la plainte d'un voisin récalcitrant.

Il peut paraître étonnant de voir de nouveaux convertis et sympathisants vivant dans une société moderne et démocratique se prosterner et s'extasier devant des lamas, pratiquer des rituels et des dévotions ésotériques en oubliant à ce point leur propre culture, sans parler des méthodes pour déterminer si un enfant est bien la bonne réincarnation d'un maître et des querelles savantes en cas de litige. La défense universelle des droits de l'enfant semble s'arrêter aux portes des monastères tibétains où les contraintes, les maltraitances, la pédophilie envers des jeunes semblent magiquement avoir disparu[2]. Des témoignages d'anciens moines éduqués dans les monastères viennent contredire de telles naïvetés[3]. En France, une plainte pour abus sexuel, mental et psychologique a été déposée en 1994 contre un

1. Henri Tincq, « Bouddha dans le Bocage normand », *Le Monde,* 10 août 2008.

2. De ce point de vue, le film *Little Buddha,* de Bernardo Bertolucci, qui raconte l'histoire d'un enfant américain supposé être la réincarnation d'un lama, paraît des plus angéliques. Il rejoint nombre de films américains et de vedettes dont le bouddhisme a été caractérisé comme le « bouddhisme d'Hollywood ».

3. Cf. Témoignage sur le blog bouddhanar.blogspot.fr

lama célèbre, fondateur du centre de Lerab Ling, dans l'Hérault[1].

La croyance rend aveugle et l'attrait pour cette religion obéit à des motifs qui paraissent assez éloignés de l'attachement à ses croyances et à ses rites sophistiqués. Par-delà l'image souriante du dalaï-lama et la défense de la cause tibétaine, ce bouddhisme bien particulier a su s'articuler à la nouvelle sensibilité de l'individualisme autocentré, mal dans sa tête et dans son corps. Il s'est présenté et a été promu en France comme une spiritualité laïque à vocation avant tout thérapeutique parée des vertus exotiques, une religion qui, dépourvue de toute transcendance, n'en serait pas vraiment une[2]. À lire ses écrits, cette affirmation ne va nullement de soi[3].

La question mérite d'être posée : comment en est-on arrivé à une telle fascination ?

Voyages en Inde et à Katmandou

L'influence du bouddhisme et des spiritualités orientales en France et en Europe ne commence pas au XXe siècle, mais elle a connu un regain dans les années 1960 et 1970. Tout ce qui, de près ou de loin, apparaissait en rupture avec les modes de vie dominants de

1. L'affaire a été réglée hors tribunal par une transaction financière, cf. Élodie Émery, « Le lama Rinpoché à Paris : pas si zen, ces bouddhistes… », *Marianne,* 6 novembre 2011.

2. Marion Dapsance, « Sur le déni de la religiosité du bouddhisme. Un instrument dans la polémique antichrétienne », *Le Débat,* n° 184, mars-avril 2015.

3. Voir notamment : Sa Sainteté le dalaï-lama, *Penser aux autres. La voie du bonheur,* Plon, 2012, et *Transformer son esprit. Sur le chemin de la sérénité*, Plon, 2000.

l'époque et la culture occidentale semblait alors bon à prendre et à expérimenter pour une génération en rupture de ban ; les voyages en Inde et à Katmandou avaient des allures de découverte initiatique.

Étudiant dans les années 1960, Matthieu Ricard était attiré par les arts martiaux et le Japon. Les films réalisés par Arnaud Desjardins[1] sur les grands maîtres tibétains qui avaient fui l'invasion chinoise ont provoqué chez lui une profonde émotion : « Ce qui me frappait le plus, c'était qu'ils correspondaient à l'idéal du saint, de l'être parfait, du sage, une catégorie d'êtres qu'apparemment on ne trouvait guère en Occident[2]. » Il fit son premier voyage en Inde pendant les vacances comme d'autres étudiants. Il finira par aller s'établir en Inde auprès d'un maître tibétain, Kangyour Rinpotché, près de qui il vécut jusqu'à la mort de ce dernier, en 1975. Il rencontra ensuite un second maître tibétain, devint moine bouddhiste en 1979 et vécut pendant douze ans auprès de lui, écoutant ses enseignements, le servant et l'accompagnant dans ses voyages.

Jon Kabat-Zinn, le fondateur de la pleine conscience, était étudiant au moment de la guerre du Vietnam ; après avoir traversé une crise existentielle, il a commencé à pratiquer les arts martiaux et la méditation en suivant l'enseignement d'un maître coréen, Seung Sahn, qui a

---

1. Arnaud Desjardins (1925-2011) réalisa des documentaires pour l'ORTF sur la spiritualité en Inde. Il fit de nombreux voyages en Afghanistan et en Inde où il rencontra le dalaï-lama et d'autres maîtres bouddhistes et hindous. Arnaud Desjardins, qui se considérait comme un mystique transmettant les messages des traditions orientales, fonda son propre centre spirituel et demeure aujourd'hui l'une des références pour les adeptes de spiritualité orientale.

2. Matthieu Ricard, *in* Jean-François Revel et Matthieu Ricard, *Le Moine et le Philosophe. Le bouddhisme aujourd'hui*, NiL, 1997, p. 22.

fondé de nombreux centres zen aux États-Unis et en Europe.

Ces parcours pacifiques, pour significatifs qu'ils soient au regard de la notoriété de ces deux personnalités, n'en demeurent pas moins exceptionnels. La révolte de cette époque était marquée par un désir de transgression tous azimuts qui prit d'autres formes subjectives plus destructrices. Il s'agissait d'expérimenter par soi-même toutes les voies possibles conduisant à intensifier la vie et à « s'éclater ». La fascination pour les spiritualités exotiques pouvait se mêler à l'usage des drogues.

Timothy Leary, qui fut surnommé le « grand prêtre de la religion psychédélique », témoigne de ce courant[1]. Il développe un discours provocateur et quelque peu délirant un grand mélange des genres entre usage des drogues, référence à la « science » et mystique d'un nouveau genre. Les références chrétiennes, religion dans laquelle Timothy Leary avait été éduqué, sont détournées dans un sens psychédélique : l'une des études menées, qui prétendait mettre en lumière les aspects religieux de la drogue, est intitulée « Vendredi Saint » ; le LSD est qualifié de « substance biochimique sacramentielle » ; les Beatles sont les « quatre évangélistes » de la nouvelle religion…

Mais les références hindoues et bouddhistes sont tout autant présentes. Timothy Leary a passé une « lune de miel » de quatre mois dans une maison sans confort dans l'Himalaya, où il a écouté un lama tibétain et médité en prenant une fois par semaine du LSD et en fumant l'« excellent haschich maison ». Le mélange drogue et spiritualités orientales lui est apparu très vite comme une

1. Timothy Leary, *La Politique de l'extase*, Fayard, 1973.

voie d'accès au divin. Grâce au LSD, la vérité suprême et le divin sont rendus faciles d'accès[1] ; l'expérience des saints et des grands mystiques de toutes les religions est désormais à la portée de tout un chacun.

Timothy Leary annonce la venue d'une nouvelle religion qui se passera de toute écriture et de toute symbolisation, où chacun pourra directement entrer en contact avec Dieu. Il va jusqu'à écrire, dans une sorte de bouffée mi-sérieuse, mi-délirante : « L'expérience psychédélique est la vérification expérimentale dans votre système nerveux de la théorie hindouiste et bouddhiste de la réincarnation. [...] Ô vous, nos pères, qui êtes – protéines – aux cieux et au-dedans de nous ; et vous mères sacrées aux chairs rebondies, que vos noms soient sanctifiés[2] ! » Le christianisme remémoré sous LSD donne lieu à d'étranges prières, comme les derniers vestiges méconnaissables d'un monde dépassé.

Pour marginale, délirante et passagère que fût cette religion psychédélique, elle n'en a pas moins exprimé à sa manière une nouvelle spiritualité qui, débarrassée de ses aspects hallucinogènes, va se diffuser d'une façon renouvelée au sein de la société américaine et au-delà. On trouve les marques de cette spiritualité hallucinogène dans la musique « planante » de l'époque, entre autres celle des Pink Floyd, et dans des chansons des Beatles. Ces derniers, comme d'autres célébrités, n'ont pas échappé à la fascination pour l'Orient, pratiquant un

1. « L'expérience religieuse est la découverte extatique, absolument irréfutable et subjective, des réponses aux sept questions spirituelles fondamentales » qui sont en même temps les « sept voies de Dieu » : questions de la Puissance suprême, de la Vie, de l'Être humain, de la Connaissance, de l'Ego, de l'Affectivité personnelle, de l'Évasion finale, *ibid.*, p. 8-9.

2. *Ibid.*, p. 19.

moment la « méditation transcendantale » avec le gourou Maharishi Mahesh Yogi. D'autres sectes, comme Hare Krishna, faisaient du prosélytisme dans les rues et les rassemblements musicaux de l'époque.

Le New Age est arrivé

Au tournant des années 1970-1980, ce qu'on a appelé le New Age va apparaître aux États-Unis comme le condensé éclectique et pacifié d'une spiritualité diffuse issue de la contre-culture américaine. Le livre de Marilyn Ferguson *Les Enfants du Verseau*[1] en est la référence clé.

On y trouve la plupart des thèmes et des références religieuses de la contre-culture, parée des vertus conjointes de la science moderne et de l'astrologie. C'est sous cette forme qu'est annoncée une idée millénariste qui n'est pas nouvelle : l'humanité est entrée dans un nouvel âge (celui du Verseau) qui est celui de l'amour et de la libération de l'esprit, de l'harmonie et de la réconciliation universelle.

Le nouveau paradigme de cette ère nouvelle est marqué par la convergence entre les sciences modernes, notamment les recherches portant sur les ondes cérébrales et les traditions mystiques depuis l'aube de l'humanité. Cette situation offre la possibilité à l'individu d'explorer sa vie et de mener sa propre aventure psycho-spirituelle. Chacun d'entre nous peut devenir un « individu neuf » en utilisant toutes les techniques d'expansion de la conscience qui offrent des possibilités

1. Marilyn FERGUSON, *Les Enfants du Verseau. Pour un nouveau paradigme,* Calmann-Lévy, 1980.

inédites pour la réalisation de soi. À travers de multiples pratiques alternatives, la société est déjà porteuse de nouvelles valeurs de l'ère du Verseau comme les « thérapies altruistes », la « santé holiste », l'« éducation transpersonnelle », la « conscience écologique », le « sentiment de communauté mondiale »... La mutation de l'espèce humaine est en cours et chacun est appelé à s'engager pleinement dans ce vaste mouvement.

En 1969, Edgar Morin était allé en Californie ; il y avait vécu des moments de bonheur inoubliable, découvert les « mille manifestations étonnantes et bouleversantes d'une "révolution culturelle" extrême-occidentale ». Il n'en demeurait pas moins lucide sur la « terrible force d'autodestruction qu'il y a dans cette créativité ». Le rejet de la société avait des allures de fin du monde et la mort était présente dans la recherche éperdue d'un bonheur total.

Douze ans après, en 1983, Edgar Morin est retourné en Californie. Il constate alors la récupération par la culture américaine des « germes inoffensifs de la contreculture » et pose une question : « Ces germes se sont-ils vraiment assagis ? »[1]. Cette question mérite d'être posée du point de vue de la spiritualité diffuse issue de la contre-culture qui, ayant perdu ses aspects les plus extrêmes, s'est répandue dans les sociétés démocratiques.

Le courant du New Age a rencontré un certain succès aux États-Unis, et l'on pourrait penser qu'il ne concerne pas vraiment les démocraties européennes, ou seulement de façon très minoritaire. En fait, il témoigne à sa manière d'une nouvelle situation historique et d'un malaise des démocraties qui ne concernent pas seulement

1. Edgar Morin, *Journal de Californie,* Seuil, 1970 et 1983, p. 4, p. 128, p. 6.

les États-Unis. Il intervient sur un terrain européen en grande partie déchristianisé, marqué par un éclatement et un éclectisme des croyances individuelles. La spiritualité new age s'inscrit dans ce nouveau terreau, l'exprime et l'entretient en se diffusant de façon douce par différents canaux qui ne reprennent pas nécessairement tous ses aspects mais entendent répondre de différentes manières au désarroi de l'individualisme contemporain.

Le miroir à deux faces

Les nouvelles spiritualités diffuses se greffent sur ce désarroi. Elles répondent aux demandes paradoxales d'individus autocentrés et stressés, fatigués d'eux-mêmes et de la vie moderne, qui cherchent à être performants dans tous les domaines en même temps qu'ils aspirent à avoir du « temps libre » pour « simplement être soi ». La spiritualité new age et les outils du développement personnel entendent précisément résoudre miraculeusement cette contradiction : mieux se connaître, développer toutes les potentialités qu'on porte en soi, et en même temps se « vider la tête », se refaire une santé physique et psychique.

Cette transformation de soi s'intègre pleinement au dysfonctionnement d'ensemble des sociétés modernes, qui ne cessent d'appeler les individus à un changement perpétuel dans un monde des plus chaotiques à l'heure de la mondialisation. Pour faire face à la crise, il faut avant tout « travailler sur soi-même ». En d'autres termes, la crise est d'abord en nous-mêmes, dans notre mal-être intérieur, et c'est celui-là qu'il faut traiter pour « positiver » et voir le monde autrement. Le vocabulaire du management rejoint celui de la méditation : face à nos désordres intérieurs, il faut apprendre à « gérer les émotions désagréables », « gérer les colères », « gérer les pensées qui tourbillonnent », « gérer nos désirs petits et grands »[1]...

Les méthodes diverses de relaxation, la méditation et les thérapies les plus exotiques complètent le dispositif de la performance en fournissant son contrepoint de ressourcement, son rééquilibrage énergétique nécessaire au bon fonctionnement de l'ensemble. « Faire taire le mental pour vivre l'instant présent », « être présent à soi-même et au monde » sans passé ni avenir, se concentrer sur sa respiration, se « mettre à l'écoute de son corps », oublier tout le reste... telles sont les recommandations assénées par les nouvelles thérapies et les rubriques santé des médias au milieu d'une information en boucle qui décline vingt-quatre heures sur vingt-quatre tous les malheurs du monde. La course folle au changement, l'affairement de la vie quotidienne, le temps compressé de la vie moderne, le spectacle des guerres et des barbaries... trouvent leur point de fuite et de retrait dans un temps et un lieu à l'intérieur de soi cultivé comme un refuge en dehors du temps et de l'espace, de la vie moderne marquée du sceau de la décrépitude.

C'est sur ce dernier aspect que le néobouddhisme et les religiosités orientales les plus diverses viennent plus particulièrement se greffer en affirmant pouvoir abréger la souffrance, offrir à chacun les moyens d'une connaissance de soi qui permette d'atteindre le bonheur et la sérénité. Cette « connaissance de soi » que l'individu est appelé à découvrir se démarque du dialogue intérieur de

---

1. Eline Snel, *Calme et attentif comme une grenouille, op. cit.*, p. 89, p. 95, p. 109, p. 131.

l'ancien monde imprégné de sa propre culture et de sa religion. La méditation doit aider à accéder à la vérité des phénomènes en dehors de la raison et de toute insertion dans l'histoire humaine, de toute idée et signification précises qui peuvent être autant d'obstacles à la prise de conscience d'une essentielle vacuité.

L'activisme et le changement qui ne laissent guère de répit à l'individu peuvent trouver dans ce genre de spiritualité un espace de décompression psychique et un complément indispensable pour « alléger son existence[1] », quitte à multiplier les retraites et les séminaires, de préférence à la campagne, comme une sorte de drogue indispensable pour « tenir le coup ».

Aujourd'hui, le couple psychologies comportementales et spiritualités exotiques a supplanté la psychanalyse comme thérapie et modèle de découverte de soi. Cette dernière a accompagné une demande sociale dans un moment de rupture qui s'est voulue radicale avec toute forme de croyance et de religion. En fait, la réalité ne fut pas tout à fait celle-là. Le rapport à la psychanalyse n'a pas été exempt de religiosité et certains psychanalystes ont su habilement jouer sur cette ambiguïté en développant un style hermétique et oraculaire. L'inconscient et l'« Autre » (avec un grand A) avaient des allures de principe mystérieux dont l'accès confidentiel était réservé à un petit noyau de fidèles s'évertuant à décrypter la parole du maître[2]. En ce sens, comme l'a bien souligné Alain Besançon, qui fut psychanalyste, l'« aspect le plus

---

1. Gilles Lipovetsky, *De la légèreté,* Grasset, 2015.

2. Alain Besançon, « Psychanalyse : anamnèse », *Commentaire,* n° 82, 1998 ; voir aussi Sébastien Dupont, *L'Autodestruction du mouvement psychanalytique,* Gallimard, coll. « Le Débat », 2014.

désagréable de la psychanalyse, ou sa pente la plus dangereuse », est le « rapport qu'elle soutient avec le gnosticisme » dans sa prétention à expliquer tout, à s'enfermer dans un savoir ésotérique et clos sur lui-même, réservé à un cercle d'initiés, qui donnerait les clés de la compréhension du monde et de soi[1].

Dans le nouveau contexte du « changement », les psychologies comportementalistes mêlées aux spiritualités ésotériques ont succédé à la psychanalyse dans une optique d'adaptation. Thérapies comportementalistes et spiritualités diffuses constituent le miroir à deux faces de l'individualisme autocentré et fragile.

Celui-ci peut également trouver dans tout un courant de l'écologie une spiritualité éclectique qui puise dans différentes religions de quoi nourrir et conforter l'idée d'un changement radical de civilisation.

La nouvelle spiritualité écologique et son prophète

Dans ce domaine, Nicolas Hulot a tous les traits d'un nouveau prophète qui annonce depuis des années la catastrophe imminente en même temps qu'il nous appelle à sauver l'humanité en suivant ses enseignements. Il fustige la « civilisation du gâchis dans laquelle nous nous sommes vautrés », qui a « succombé à l'utopie matérialiste », privilégié l'« avoir » au détriment de l'« être »[2]..., invoque l'« émergence d'une conscience nouvelle[3] » et un

1. Alain Besanson, « Psychanalyse : anamnèse », *Commentaire, op. cit.*
2. Nicolas Hulot, *Le Syndrome du Titanic. 2*, « Chap. 9. Une nouvelle spiritualité », Calmann-Lévy, 2009, p. 189.
3. *Ibid.*, p. 181.

changement de civilisation avec l'écologie comme centre de reconstruction. Ce changement implique une rupture non seulement avec le productivisme et la vision prométhéenne du progrès, mais une rupture dans le rapport à la nature impliquant ce qu'il dénomme lui-même une « nouvelle spiritualité ».

Nicolas Hulot a beau dire qu'il demeure laïque dans sa façon d'aborder les problèmes écologiques et qu'il n'entend pas donner des leçons de morale, son discours en est imprégné. La nature et l'univers ont beaucoup de choses à nous apprendre pourvu que nous renouions le lien qui nous unit à eux et sachions en tirer des leçons concernant notre propre humanité. L'idée de la nature comme un « tout » et du vivant comme « unique et indivisible dans sa diversité[1] » fait écho à la vision bouddhiste du monde : « Pour les bouddhistes, il existe une vérité indépassable : l'homme n'est pas au sommet du vivant, mais au milieu de l'univers. Un tel principe permet de relativiser bien des choses, de distinguer l'essentiel de l'accessoire et ainsi d'élever le niveau[2]. »

Grand voyageur s'il en fut, Nicolas Hulot est allé en Inde, où il a pris soin de s'informer sur les religions et sectes qui entretiennent un lien sacré entre l'homme, les êtres vivants et la nature, valorisant ce qui lui semble aller dans le sens de l'écologie. Il en va ainsi du jaïnisme, religion minoritaire indienne impliquant un respect total de tous les êtres vivants (interdiction de les tuer et de les manger) comme l'une des conditions nécessaires pour la délivrance du cycle de la réincarnation. Nicolas Hulot cite également les *sâdhu*, qui « cultivent perceptions

1. *Ibid.*, p. 182.
2. *Ibid.*, p. 177.

et techniques pour suivre le chemin permettant une fusion entre l'être et l'univers », les *bishnoï*, « pour lesquels l'exigence du respect de la nature est un absolu ». Son rapport n'est pas sectaire, puisqu'il pioche aussi chez le théologien jésuite Teilhard de Chardin quelques formules (« Nous sommes les enfants de la Terre et les fils du Ciel »[1]).

Cette spiritualité a son éthique, avec ses préceptes, ses devoirs et son modèle de bons comportements. Il s'agit tout d'abord de rester humble en ayant conscience de la fragilité de la vie, ce qui va de pair avec la vertu de la modération. S'y ajoutent trois devoirs importants : envers les pays du Sud considérés comme les premières victimes de notre insouciance et de nos errements, envers l'ensemble du vivant et envers le futur. Cette dernière solidarité tisse des liens mystérieux avec un passé qu'est censé rendre plus clair une citation de psychothérapeutes junguiens : « Nous ne mourons pas seuls. Nous rejoignons les ancêtres et tout le petit peuple, toutes les âmes qui hantent le monde nocturne de nos rêves, les complexes avec qui nous parlons, les vérités invisibles qui traversent nos vies en nous offrant désirs et terreurs, soupirs de tendresse, idées soudaines. Ils sont toujours avec nous, ces anges, ces démons. Le soir quand je m'endors, quatorze anges montent la garde. Compagnons bizarres, – ils sont indestructibles[2]. » Il n'est pas sûr qu'une telle citation issue de la psychologie des profondeurs junguienne aide à la prise de conscience de l'héritage écologique que

1. *Ibid.*, p. 177, p. 191.

2. James Hillman et Michael Ventura, auteurs de *Malgré un siècle de psychothérapie, le monde va de plus en plus mal*, Ulmus Company Ltd, Londres, 1998, cités par Nicolas Hulot, *op. cit.*, p. 186-187.

nous devons laisser à nos enfants et à la solidarité entre les générations.

Cérémonie œcuménique

Le Sommet des consciences pour le climat qui s'est tenu à Paris en juillet 2015 au Conseil économique, social et environnemental a concrétisé cette approche spirituelle et morale de l'écologie. Pour Nicolas Hulot, envoyé spécial du président de la République pour la protection de la planète, il s'agissait d'« actionner les leviers de la conscience, du sens et de la spiritualité[1] », étant donné l'inertie des négociations sur le climat. L'appel pour ce sommet incitait à s'interroger en son for intérieur et à répondre à la question : « *Why do I care ?* » (pourquoi je m'en préoccupe ?), la réponse étant celle d'un « être humain animé par sa propre conscience ». Dans son discours inaugural du Sommet, le président de la République, François Hollande, a lui-même expliqué ce que la notion de conscience signifiait : « Nous appelons conscience ce qui relève de l'individu dans ce qu'il a de plus essentiel, ce qui l'anime, ce qui lui donne sens. Quel est le rapport qu'il entretient avec les autres, avec lui-même, avec sa propre vie[2] » ?

L'envoyé spécial du Président avait préparé le terrain en rencontrant les représentants des différentes religions : juive, chrétienne, musulmane, bouddhiste, sikh, taoïste,

1. Cité par Julia Pascual, « Sommet des consciences : "La crise climatique est une crise de sens" », *Le Monde,* 22 juillet 2015.

2. « Allocution en ouverture du Sommet des consciences pour le climat », site officiel de la présidence de la République française.

confucéenne… Certains avaient signé l'appel et étaient présents à ce sommet, aux côtés de représentants du peuple Guarani-Kaiowa d'Amazonie, de l'association altermondialiste ATTAC, du monde des affaires et des entreprises, de la Confédération des suprêmes conseils européens du Rite écossais ancien et accepté, du président du Conseil économique et social, d'un astrophysicien, de Son Altesse sérénissime le prince Albert de Monaco… Malheureusement, Arnold Schwarzenegger était absent pour cause de promotion de son nouveau film, *Terminator Genisys*, ce qui ne l'a pas empêché d'apparaître dans une vidéo exhortant les participants à « inspirer le monde[1] ». Les débats furent entrecoupés de pauses musicales du Moyen-Orient et d'Asie et d'un bref exercice de relaxation proposé par une sœur bouddhiste[2]. Ne manquaient plus que Matthieu Ricard et le dalaï-lama.

Dans son discours de clôture, la ministre de l'Écologie, Ségolène Royal, a salué un « moment de grâce et de dépassement », dépassement de ses intérêts particuliers d'autant plus extraordinaire qu'il se fait « pour des gens que nous ne connaissons pas parce qu'ils ne sont pas encore nés[3] ». Et la ministre de terminer son discours par cette pensée d'Aimé Césaire, qui, déclarait-elle, « avouait parler aux arbres, qui n'avait pas peur de se ridiculiser, et il avait bien raison » : « En nous, l'homme de tous les temps. En nous tous les hommes. En nous l'animal, le végétal, le minéral. L'homme n'est pas seulement

---

1. Cf. Julia PASCUAL, *art. cité.*
2. *Ibid.*
3. Discours de clôture de Ségolène Royal, « Ségolène Royal clôture le Sommet des consciences : *Why do I care.* »

homme, il est univers[1]. » La cérémonie de clôture qui a suivi ce discours s'est déroulée par la projection d'une courte vidéo, *Une histoire racontée par les enfants*, et la remise d'une planète aux intervenants. En ce mois de juillet 2015, ce Sommet des consciences avait les traits d'une grande célébration œcuménique, avec ses clercs et ses laïques, réunis pour sauver la planète et faire advenir une civilisation universelle.

« Nous en sommes actuellement à la dimension horizontale de notre esprit et nous devons tendre à cette dimension verticale[2] », écrivait Nicolas Hulot en 2009. L'heure est proche, ne cesse-t-il d'asséner depuis des années, l'humanité semble courir à la catastrophe mais rien n'est encore joué, nous sommes désormais « à deux doigts de basculer vers une nouvelle ère de l'humanité[3] ». La tâche peut paraître immense mais elle s'appuie sur un ressort inépuisable : « En ces temps de pénurie énergétique existe une énergie renouvelable que nous n'utilisons pas assez : celle de l'amour[4]. » Ainsi parle l'un des prophètes de l'écologie, relayé d'une manière sensiblement différente par une autre figure de la spiritualité écologique, Pierre Rabhi.

Retour à la terre et au sacré

Pierre Rabhi a les traits d'un sage vivant à l'écart de la vie moderne, passant l'essentiel de son temps dans

1. *Ibid.*
2. Nicolas Hulot, *le Syndrome du Titanic. 2*, *op. cit.*, p. 191.
3. Nicolas Hulot, « Le pape François invite les chrétiens à prendre au sérieux l'écologie intégrale », *Le Point*, fr.
4. Nicolas Hulot, *Le Syndrome du Titanic. 2*, *op. cit.*, p. 127.

sa ferme ardéchoise. Il s'émerveille de la beauté du monde, travaille la terre au rythme des saisons et dit à tous ses amis que le temps passé dans son jardin n'est pas négociable. Sa notoriété est allée grandissant au fil des ans et certains de ses livres se sont vendus à plus de 100 000 exemplaires[1].

Le mode de vie et les propos de Pierre Rabhi ont le pouvoir de faire rêver : rompre avec le stress de la vie moderne, ne plus être « prisonnier des montres et des horloges[2] », « apprendre à habiter tous les instants[3] »... Pierre Rabhi peut séduire les citadins fatigués de la vie moderne qui se montrent critiques envers la modernité mais n'en continuent pas moins d'en profiter en termes de loisirs et de consommation, tout comme les militants purs et non violents qui ont franchi le pas et décidé de « vivre autrement ». C'est sans doute pour cela qu'il apparaît sinon comme un saint écologique, du moins comme un être humain exemplaire qui a su être cohérent en menant une vie en accord avec ses convictions. Des personnalités ont fait le voyage en Ardèche comme un pèlerinage pour recueillir une parole qu'ils estiment importante pour le présent et l'avenir de l'humanité[4].

---

1. Son livre *Vers la sobriété heureuse,* Actes Sud, 2010, a été vendu à 270 000 exemplaires et ses conférences attirent de plus en plus de monde. Les deux conférences données à Strasbourg en octobre 2015 ont réuni plus de 1 000 personnes chaque fois. Cf. Éric Aeschimann, « Je ne suis pas né pour augmenter le produit national brut : visite chez Pierre Rabhi », *L'Obs,* 17 octobre 2015.

2. Pierre Rabhi, « Ensemble, faire germer le changement », *in* Christophe André, Jon Kabat-Zinn, Pierre Rabhi et Matthieu Ricard, *Se changer, changer le monde,* L'Iconoclaste, 2013, et J'ai lu, 2015, p. 123.

3. *Ibid.,* p. 122.

4. Dans sa préface à *Pierre Rabhi semeur d'espoirs,* Actes Sud, 2013, Olivier Le Naire écrit, p. 10 : « Le sociologue Edgar Morin, le philosophe

Le problème avec Pierre Rabhi est que sa personnalité exprime une gentillesse et une fragilité désarmantes, à tel point qu'il peut sembler indélicat de mener une analyse critique de la spiritualité qu'il diffuse. L'interlocuteur évitera le plus souvent de pousser plus loin le débat par crainte plus ou moins consciente d'entrer en contradiction avec cet homme singulier qui a des allures de Gandhi.

Pierre Rabhi ne dissimule pourtant pas ses convictions et ses croyances. Il affiche ce qu'il dénomme lui-même un « credo », curieux retour en arrière qui retrouve un sacré qui ne date pas d'aujourd'hui : « La terre, être silencieux dont nous sommes l'une des expressions vivantes faites de ce qui nous manque le plus : la cadence juste, la saveur des cycles et de la patience, l'espoir qui se renouvelle toujours car les puissances de vie sont infinies[1]. »

Le Credo du paysan – chanson écrite au XIXe siècle et célèbre jusque dans les années 1950[2] – rendait aussi hommage à la nature et à Dieu, son « maître » et son « créateur tout-puissant ». Mais, outre le fait que le nationalisme qui s'exprime dans un couplet de cette chanson est aux antipodes des idées de Pierre Rabhi, nous n'avons pas affaire au même dieu. Alors que celui du *Credo du*

Frédéric Lenoir, l'écologiste Nicolas Hulot, le bouddhiste Matthieu Ricard, l'ancien ministre de l'Agriculture Edgard Pisani, le violoniste Yehudi Menuhin ou la cinéaste Coline Serreau n'ont d'ailleurs pas attendu cette récente popularité pour faire le pèlerinage à Montchamp. Comme Zaz ou Marion Cotillard, ils sont pour la plupart allés un jour ou l'autre rendre visite à leur copain Pierre pour faire, sur les sommets ardéchois, une cure de grand air et de pensées élevées. »

1. Pierre Rabhi, *La Part du colibri. L'espèce humaine face à son devenir*, Éditions de l'Aube, 2009, p. 7.

2. *Le Credo du paysan*, paroles de F. et S. Borel, musique de Gustave Goublier.

paysan demeure ancré dans une tradition chrétienne et nationaliste du XIXe siècle, celui de Pierre Rabhi paraît obscur et incertain. Il semble à la fois venir du fond des âges et s'ancrer dans une sensibilité individualiste qui combine sentiment esthétique et spiritualité.

Le sacré renvoie ainsi à la « terre nourricière », à la « terre mère à laquelle nous devons la vie et la survie[1] » et avec laquelle nous devons nous réconcilier pour bien vivre. Dans ce cadre, le compostage et le jardinage (pourvu qu'ils soient écologiques) acquièrent une dimension que les amateurs du dimanche ne soupçonnent pas forcément. Ils sont autant de marques de respect et de soins prodigués à la terre (qui vous le rend bien), à la planète et à l'humanité tout entière : « En prenant soin de la terre, on prend soin de l'humain, tout est relié[2]. » De proche en proche peut s'enclencher un « processus qui aboutit à générer du bien, à resacraliser, à rétablir l'équilibre et l'harmonie entre notre espèce et la réalité vivante[3] ». L'agroécologie elle-même n'est pas une simple alternative agronomique, elle « permet de retrouver la vibration de l'enchantement, le sentiment de ces êtres premiers pour qui la création, les créatures et la terre étaient avant tout sacrées[4]. »

Pierre Rabhi demeure ouvert à toutes les formes de spiritualité, y compris celles qu'on appelait, il n'y a pas

---

1. Pierre RABHI. *Parole de terre. Une initiation africaine. Préface de Yehudi Menuhin,* Albin Michel, coll. « Espaces libres », 1996, p. 13.

2. Pierre RABHI, « Ensemble, faire germer le changement », *in* Christophe ANDRÉ, Jon KABAT-ZINN, Pierre RABHI et Matthieu RICARD, *Se changer, changer le monde, op. cit.,* p. 131.

3. *Ibid.*

4. Pierre RABHI, *Manifeste pour la terre et l'humanisme,* préface de Nicolas HULOT, Actes Sud, 2008, p. 80.

si longtemps encore, « religions primitives » : « Je parle plutôt de l'Esprit et du divin au sens large. Voilà pourquoi je me sens également proche de certains animistes comme les Amérindiens, du moins dans leur intuition. Cette intuition leur donne le sentiment extrêmement profond que quelque chose est l'auteur – ou en tout cas à l'origine – de ce qui nous est donné à voir, à essayer de comprendre[1]. »

Ce n'est pas seulement notre lien à la planète Terre qui est en question, mais notre rapport à l'univers, où « rien n'est séparé de rien », où « tout est dans tout ». C'est dans ce rapport fait d'émerveillement et de mystère que l'homme peut éprouver « l'existence d'un ordre suprême que rien ne peut atteindre ni altérer[2] ». Ce grand tout est mû par un « bain énergétique et vibratoire[3] », il forme une harmonie qui semble être l'œuvre de « cette immense intelligence gouvernant la totalité du réel[4] ». En fin de compte, « la seule manière pour nous d'aborder le divin, c'est le silence, car il n'est pas réductible à la parole humaine[5] », et d'y ajouter la parole de Socrate comme un ultime tour de main : « Enfin j'ai découvert Socrate, dont le discours est en gros : "Je ne sais pas. Mais je suis conscient que je ne sais pas." Ce qui ne veut pas dire que je suis ignorant, mais au contraire que je ne suis pas ignorant du fait que je suis ignorant »[6]. Avec Pierre Rabhi, le relativisme est de rigueur et l'on n'est jamais sûr de rien.

1. *Pierre Rabhi semeur d'espoirs, op. cit.*, p. 113.
2. Pierre Rabhi, *Manifeste pour la terre et l'humanisme, op. cit.*, p. 59.
3. *Ibid.*, p. 61.
4. *Ibid.*, p. 59.
5. *Pierre Rabhi semeur d'espoirs, op. cit.*, p. 18-19.
6. *Ibid.*, p. 18-19.

Pierre Rabhi a été musulman puis chrétien et, s'il a aujourd'hui rompu avec toute appartenance religieuse particulière, l'apport spécifique de la « parole christique » est pour lui « d'une pureté et d'une vérité absolues »[1] dans sa simplicité : « L'amour est la plus grande puissance que puisse générer l'humanité. Tout est là[2] » ; « Si on appliquait ce précepte [« Aimez-vous, aimez même vos ennemis »], tous les problèmes seraient résolus[3] ». À la question : « Qu'est-ce que vous nous recommandez ? » posée par des étudiants lors d'une conférence, Pierre Rabhi répond : « Allez vous réconcilier avec vos compagnons, vos compagnes, vos parents, vos voisins, et là vous allez changer le monde. Je ne vous donne aucune autre recette que la réconciliation[4]. » Cette énergie de l'amour se partage et se propage de proche en proche et aboutit à générer le bien. Il s'agit, ni plus ni moins, de l'« avènement d'une société humaine fondée sur la puissance de l'amour[5] ».

Cette lecture des Évangiles est d'un genre particulier : elle se veut débarrassée de tout dogme et de toute insertion dans l'Histoire ; elle entend distinguer librement la lettre et l'esprit. Il ne faut pas trop chercher à comprendre le message mais se laisser porter par lui. Il fait alors résonner en nous quelque chose qui « nous affranchit de la pesanteur de l'Histoire » : « Si nous lisons les Évangiles comme un dogme, le message devient prisonnier des

1. *Ibid.*, p. 113.
2. *Ibid.*
3. *Ibid.*, p. 17.
4. *Ibid.*, p. 21.
5. *Ibid.*, p. 138.

mots qui l'expriment. En revanche, si seule l'essence du message nous imprègne comme une musique qui fait vibrer, alors c'est cette vibration qui compte dans l'ici et maintenant[1]. » Ces bonnes vibrations ne témoignent-elles pas précisément de notre participation au divin ?

Dans cette approche particulière des Évangiles, l'influence de Krishnamurti, que Pierre Rabhi cite à plusieurs reprises, est manifeste. Ce penseur indien issu d'une famille de Brahmanes fut considéré par la Société théosophique[2] comme une réincarnation de grands maîtres passés. Krishnamurti a fini par rompre avec cette société ésotérique pour développer sa propre conception de la spiritualité basée sur la liberté de chacun de trouver la vérité, en dehors de tout dogme et de toute appartenance confessionnelle. Les idées, les concepts issus d'une culture déterminée sont considérés comme un conditionnement et autant d'obstacles dont il faut se défaire pour être totalement libre et accéder à la vérité par la compréhension de son propre esprit.

Comme Krishnamurti, Pierre Rabhi n'entend pas être un gourou, ce qui ne l'empêche pas de promouvoir une utopie annonçant l'avènement d'un monde enfin débarrassé des idées fausses et des turpitudes du passé, d'une humanité enfin réconciliée avec elle-même, d'un genre humain transfiguré par l'énergie créatrice et l'amour

1. *Ibid.*, p. 115.

2. La Société théosophique, qui fut créée aux États-Unis à la fin du XIXe siècle avant de s'établir en Inde, est marquée par l'occultisme et l'ésotérisme. Empruntant à différentes religions, elle considère que chacune d'entre elles constitue un apport spirituel dans la recherche de la Vérité. Elle avance notamment l'idée d'un Principe bienveillant qui donne la vie et le principe de fraternité universelle. Cf. Antoine FAIVRE, « Théosophie », Encyclopédie Universalis, 2011 ; article « Société théosophique » de Wikipédia.

universel : « L'humanisation pourrait être l'œuvre d'une force créatrice affranchie de la complexité et des pesanteurs de l'hominisation. Le genre humain, tout en étant ancré dans le monde des phénomènes élémentaires, dont il aura compris la valeur et la beauté, entrerait dans l'ère de la légèreté et de la prééminence de l'esprit, favorisant l'avènement d'une vision "sacrée" de la réalité et du réel[1]. »

La personnalité de Pierre Rabhi, les pratiques et les associations qui s'inspirent de la stratégie du colibri et de l'agroécologie, ne sauraient faire oublier cet incroyable prêchi-prêcha mystico-écologique baignant dans un magma de bons sentiments. Dans ses écrits et ses déclarations disparates, Pierre Rabhi incarne une forme de spiritualité tourbillonnante et agnostique qui déconcerte mais qui n'est pas sans rapport avec le relativisme et l'éclectisme religieux propres à l'individualisme contemporain.

Néomystique et agnosticisme revisité

Les nouvelles spiritualités néomystiques à base d'écologie se greffent sur le rapport esthétique et contemplatif de l'être humain avec la nature et l'univers. À sa façon, ce néomysticisme retrouve la notion grecque de cosmos conçu comme harmonie d'une totalité spirituellement ordonnée dont la contemplation nous élève hors de notre condition et du monde éphémère, nous rapproche de l'éternité et du divin. Mais il renvoie tout autant aux spiritualités orientales et à leur conception

1. Pierre Rabhi, *Manifeste pour la terre et l'humanisme*, *op. cit.*, p. 88.

de l'interdépendance des êtres au sein d'un grand tout, ou encore au courant ésotérique de la théosophie qui s'interroge sur les rapports qui unissent le divin, l'homme et l'univers, développe l'idée de connaturalité de l'esprit et de l'univers, de correspondance universelle[1]. Les « psychologies spiritualistes », comme celles de Carl Jung ou de Rudolf Steiner, peuvent tout autant être invoquées. Cette spiritualité n'est pas du reste sans rapport avec certains principes de la Société théosophique, qui emprunte à différentes religions et affirme l'idée d'un Principe bienveillant qui donne la vie.

Cette nouvelle spiritualité réconcilie relativisme, éclectisme et œcuménisme religieux autour d'un divin naturel et universel. Ce divin obscur est sans visage et sans voix, mais les différentes religions l'ont entrevu chacune à leur manière à travers les mystiques de toute obédience. Il n'est nul besoin d'études pour entrer en contact avec ce divin-là. Chacun peut être amené à se « brancher » directement avec lui, sans médiation et sans exégèse, en vivant une expérience indicible dans un rapport à soi-même et à la nature qui donne une sorte de grand frisson. À lire nombre d'ouvrages et au vu des « *outing* » médiatiques, le nombre de ceux qui disent avoir rencontré Dieu à travers ce type d'expérience semble être en constante augmentation. Mais de quel Dieu est-il exactement question ? Le mystère reste entier, ou plus précisément il y a quelque chose de divin dans le monde et l'univers, mais on a du mal à comprendre de quoi au juste il est question. Cette religiosité tourne en rond. Ce n'est pas l'authenticité de l'expérience en question qui

1. Antoine Faivre, article « Théosophie », Encyclopédie Universalis, *op. cit.*

s'apparente au « sentiment océanique » dont parle Freud qui est ici en question et qui a des allures de régression infantile, mais la caractérisation affirmée comme une évidence que ce sentiment humain est expérience de contact avec le divin.

À vrai dire, une telle critique n'a pas vraiment de sens pour un individualisme qui n'entend pas se référer précisément à une religion instituée, mais considère que toutes les religions mènent par des chemins différents à un même divin mystérieux et vague dont on ne peut rien dire, sinon qu'on l'a éprouvé intensément.

Cette approche se retrouve même là où on ne l'attendait pas forcément. L'islam, versus soufisme revisité à l'aune de l'individualisme contemporain, s'intègre dans cette nouvelle spiritualité. L'« existentialisme musulman » dont se réclame Abdennour Bidar en est l'exemple le plus frappant. Prônant un « *self islam* » permettant de construire son propre chemin spirituel, il exprime clairement un thème central de la nouvelle spiritualité : « *Je suis croyant.* Mais je ne crois pas plus ni moins en un Dieu qui serait celui des musulmans que celui des juifs, des chrétiens ou des hindous. Je crois que *tous les chemins mènent à l'homme* – c'est-à-dire au divin en l'homme, en tout être humain, et là on n'est pas loin de la fraternité. Je crois en philosophe et en mystique, c'est-à-dire en étant critique à l'égard de la religion au nom d'une expérience intérieure. Une expérience spirituelle à la profondeur de laquelle la religion conduit rarement, et dont trop souvent elle s'éloigne[1]. » D'une autre façon qui s'affirme chrétienne, Frédéric Lenoir ne

1. Abdennour BIDAR, *Plaidoyer pour la fraternité*, Albin Michel, 2015, p. 88-89.

dit pas autre chose et cite Gandhi : « Quand on a atteint le cœur d'une religion, on a atteint le cœur de toutes les religions[1]. »

De ce point de vue, toutes les religions ne valent que par leur mystique revue à la mesure de l'individualisme qui transcende toute culture et religion particulière, et érige sa subjectivité en critère de vérité. L'individu a désormais librement accès à toutes les religions du monde ; il peut piocher des éléments dans les unes et dans les autres, composer en quelque sorte son « menu spirituel » comme il l'entend. Des spécialistes attitrés en ont d'ailleurs fait leur fonds de commerce en écrivant des dizaines d'articles et de livres sur la question.

Dans la recherche du bonheur éperdu et de la sérénité, les religions, les philosophies, les sagesses indistinctement mêlées sont bonnes à prendre : Jésus, Bouddha, Socrate, Sénèque et bien d'autres… Dans le domaine de la mystique, l'individu moderne, là aussi, n'a que l'embarras du choix : saint Jean de la Croix, Thérèse d'Avila, Maître Eckhart, Teilhard de Chardin… côtoient Ibn'Arabi, Ibn Al-Fârid et d'autres maîtres soufis, les lamas tibétains, les yogis et les maîtres hindous, sans oublier quelques sociétés ésotériques, telle la théosophie, qui mélangent le tout. Mysticisme sentimental, agnoticisme et œcuménisme vont ensemble pour des individus en rupture de ban, croyants ou non, qui se veulent libres de toute religion instituée et de toute tradition.

Cette liberté pour l'individu de choisir la spiritualité qui lui convient – ou, en d'autres termes, de construire

---

1. Frédéric LENOIR, « Voyages en Inde », *Psychologies Magazine*, juin 2001.

en toute « autonomie » son parcours spirituel – peut être considérée comme un progrès de la démocratie, une manifestation de la sortie de la religion entendue comme la fin de la structuration des sociétés à partir d'un point de vue transcendant[1]. Mais on peut retourner la perspective : ces nouvelles religiosités diffuses sont symptomatiques d'un malaise dans les démocraties et d'un individualisme désaffilié et autocentré.

Éthique universelle et humanisme désincarné

Cette désaffiliation historique et culturelle se retrouve dans l'éthique séculière universelle prônée par le bouddhisme, et plus précisément par le dalaï-lama. Cette éthique universelle s'appuie sur la bienveillance, la compassion, l'amour et la bonté… Mais on ne saurait pour autant en rester à ces nobles valeurs et sentiments.

L'universalisme éthique de type bouddhiste est basé sur la réduction de la condition humaine et de l'ensemble des êtres vivants à la souffrance et à la volonté d'y échapper. La souffrance et l'impermanence sont considérées comme un « plus petit dénominateur commun » qui, par-delà les différences, les cultures, les civilisations, les nations… unit les êtres et les rend égaux. À l'universalité de la souffrance le bouddhisme répond par une compassion qui, par des exercices méditatifs adaptés, prend conscience de la cause de cette souffrance, désire que les autres soient délivrés de la souffrance et prend soin d'eux. Cette compassion ne concerne pas seulement ses proches,

1. Marcel Gauchet, *Le Désenchantement du monde. Une histoire politique de la religion,* Gallimard, 1985.

sa famille ou ses amis, dont l'attachement demeure partiel, mais « *l'ensemble* de ce qui vit[1] ».

Pour le dalaï-lama, il s'agit non pas de prendre en considération les actes d'un point de vue strictement moral en les considérant comme mauvais ou bons (« L'acte est secondaire puisqu'il est soit positif soit négatif, il fluctue en permanence »), mais de considérer ceux qui font de tels actes comme des êtres vivants qui souffrent et veulent le bonheur, donnée de base qui, elle, est « ferme et permanente ». C'est dans ce cadre que se développe le sentiment pour autrui. Cette compassion peut s'appliquer à ses ennemis et l'exemple donné par le dalaï-lama est particulièrement parlant : « Dans ma propre pratique, écrit-il, si mon choix porte par exemple sur une personne qui torture des Tibétains dans leur pays natal, je ne me concentre pas sur la mauvaise attitude ou le comportement négatif de cet individu. À la place, je réfléchis sur le fait qu'il s'agit d'un être humain qui, comme moi, veut le bonheur et refuse la souffrance. »[2]

Le dalaï-lama entend tout bonnement apporter la réconciliation et la paix dans le monde en proposant que chacun transforme son esprit dans le sens d'une compassion et d'une bonté qui seraient naturellement contagieuses. S'étendant de proche en proche, elle amènerait les êtres humains à ne plus vivre dans la colère et à devenir plus gentils. Cette compassion aboutit à un pacifisme qui est comme la version bouddhiste des bons sentiments : « La souffrance et l'impermanence sont la nature des choses. Une fois qu'on a reconnu que notre

---

1. Sa Sainteté le dalaï-lama, *Penser aux autres. La voie du bonheur*, *op. cit.*, p. 112.
2. *Ibid.*, p. 114, p. 115.

communauté est dans le dénuement, la moindre hostilité entre les uns et les autres devient vaine. Considérez un groupe de prisonniers en passe d'être exécutés. Pendant leur séjour en prison, chacun d'eux finira par mourir. Se quereller les jours qui restent n'a aucun sens. Tous, nous sommes reliés à une nature humaine de souffrance et d'impermanence. Dans une telle situation, il n'y a absolument aucune raison de se battre avec un autre[1]. » Il suffisait d'y penser.

L'éthique issue de la mystique écologique développe un universalisme réducteur du même type. La question de la survie de la planète nécessite elle aussi de mettre fin aux contradictions et aux conflits de toutes sortes qui divisent l'humanité. Dans ce cadre, la nation et ses frontières sont considérées comme une « enclave au sein d'une grande totalité[2] » et la pluralité des nations comme un « puzzle », une « fragmentation », une « incohérence » qui n'ont pas lieu d'être au regard de la planète une et indivisible[3]. Les civilisations peuvent elles aussi apparaître comme un frein à la compréhension des problèmes du monde actuel : « Ce que je remarque partout, écrit Pierre Rabhi, c'est que les gens réfléchissent à partir de la problématique de l'Occident, ils oublient le reste du monde alors qu'il s'agit de raisonner en termes de planète, d'humanité[4]. » Tout comme dans sa quête spirituelle, le nouvel individu écologique doit s'affranchir de toute identité et de toute appartenance particulière pour

1. *Ibid.*, p. 119-120.
2. Pierre Rabhi, *Manifeste pour la terre et l'humanisme, op. cit.*, p. 89.
3. *Ibid.*
4. Pierre Rabhi, « Ensemble, faire germer le changement », *in* Christophe André, Jon Kabat-Zinn, Pierre Rabhi et Matthieu Ricard, *Se changer, changer le monde, op. cit.*, p. 118.

éveiller sa conscience et faire face aux défis écologiques du présent. Les hommes appartiennent tous à la terre et à l'univers et ce lien dépasse toutes les frontières et est plus fort que tout. Que pèsent nos idées, nos différentes religions, nos querelles philosophiques et politiques face à ce constat naturaliste[1] ?

Il s'ensuit des valeurs simples et généreuses qui doivent nous inciter à nous unir : « Sobriété heureuse », « bienveillance », « compassion », « solidarité », « respect de la vie sous toutes ses formes », sans oublier l'amour, toujours l'amour, issu d'une interprétation des Évangiles réduits à leur plus simple expression.

Le Coran relu par Abdennour Bidar subit un traitement similaire. Celui-ci revendique courageusement le droit, en tant que philosophe et croyant, de relire librement le Coran, quitte à abroger ses versets les plus violents[2]. Réinterprété de la sorte, le Coran rejoint par enchantement les Évangiles dans une spiritualité commune de nobles valeurs et de grands sentiments.

---

1. Les films de Yann Arthus Bertrand *La Terre vue du ciel* et *Human* offrent une illustration grandiose de ce nouvel humanisme planétaire qui englobe tout.

2. Dans son livre *L'Islam sans soumission. Pour un existentialisme musulman* (Albin Michel, 2008, format poche 2012), Abdennour Bidar cite Marcel Gauchet et affirme que le Coran constitue un autre modèle de « sortie de la religion » plus complet que celui du christianisme. Pour lui, le Coran annonce la bonne nouvelle d'une « espèce humaine née pour l'immortalité », libère l'homme de la tutelle théologique, permettant l'expression d'un « ego intégral » affirmant pleinement sa puissance créatrice. On peut s'interroger sur le rapport entre cette conception et l'islam réellement existant.

Une religiosité refuge pour un individualisme roi

Ces nouvelles spiritualités peuvent apparaître comme un invraisemblable imbroglio, mais il est possible en fin de compte de saisir, par-delà leurs particularités, leurs points communs délimitant les contours d'une nouvelle religiosité.

Celle-ci ne se présente pas sous la forme d'une religion transcendante structurée autour de dogmes, encore moins d'une hiérarchie, tous deux étant considérés comme des obstacles à une authentique spiritualité. Elle laisse la liberté à chacun de s'insérer ou non dans telle ou telle tradition, de puiser dans les différentes religions ce qui lui convient le mieux, l'important étant que l'individu parvienne à trouver son bonheur.

Les « croyants » et les « pratiquants » de cette nouvelle religiosité ne s'affichent pas comme tels et n'en sont pas vraiment. Ils ressemblent plutôt à des agnostiques paradoxaux affirmant qu'ils ne peuvent pas se prononcer tout en ressentant quelque chose qui peu ou prou a à voir avec le divin, ou à des mystiques sentimentaux qui, ayant vécu quelque chose de très personnel et d'indicible, s'empressent de l'afficher publiquement. Cette religiosité s'éprouve dans l'immanence, fait souvent référence aux sciences les plus modernes, se présente comme une éthique universelle en correspondance avec la nouvelle étape dans laquelle serait entrée l'humanité.

Les « prophètes » et les « officiants » de cette religiosité nouvelle sont remplis de bonnes intentions et sont d'excellents communicants ; ils font valoir des problèmes bien réels en les englobant dans un discours porteur de valeurs qui *a priori* ne peuvent que susciter l'adhésion. Ils appellent chacun à « calmer son mental », à « vivre dans le présent », à ne plus penser, à « se changer » et « changer le monde » par la même occasion.

Cette religiosité témoigne à sa manière des problèmes religieux contemporains soulignés par Alain Besançon[1]. Plus précisément, elle n'est pas sans rappeler l'attitude gnostique dans la dichotomie qu'elle instaure entre la pureté du divin en question et la décrépitude du monde présent. Mais elle ne prétend pas pour autant détenir un savoir s'affirmant comme une évidence rationnellement démontrable et développe une « bouillie » sentimentale. Elle s'apparente plutôt au « sublime » comme état psychologique fait d'exaltation plus ou moins confuse : « Le sublime est un narcissisme : un saut par-dessus soi au-delà duquel on découvre un autre soi, “surdimensionné”, dont on ne se croyait pas capable et qui éblouit[2]. »

Cette religiosité ne date pas d'aujourd'hui : en remontant dans l'Histoire, on en trouve de multiples traces, dans l'Antiquité comme sous la chrétienté, et l'occultisme n'est pas nouveau. Ce type de religiosité resurgit dans les moments de crise comme celle que nous vivons aujourd'hui. Mais elle comporte des aspects nouveaux : son côté bric-à-brac et son individualisme forcené sur fond de déculturation culturelle et religieuse.

La nouvelle religiosité diffuse est comme une petite musique douce dans laquelle on baigne et à laquelle on ne prête pas forcément attention, tellement elle s'insère dans un nouvel air du temps démocratique rempli de thérapies en tout genre, d'écologie et de bons

---

1. Alain Besançon, *Problèmes religieux contemporains,* Éditions de Fallois, 2015.

2. Alain Besançon, « Chap. 2. Du sublime chrétien », in *Trois tentations dans l'Église,* Perrin, coll. « Tempus », 2002, p. 112.

sentiments. Elle fait avant tout appel à la sensibilité et au bon cœur de chacun en court-circuitant la raison, se veut à l'« écoute » de la souffrance en offrant le baume pour la soulager et parvenir, en douceur et profondeur à l'harmonie universelle.

Cette religiosité a tout, pour reprendre une expression de Marx, d'un nouvel « opium du peuple » qui exprime à la fois une détresse réelle et un certain état du monde en fournissant un bonheur illusoire en guise de compensation. Elle permet d'échapper mentalement aux désordres du monde, au tragique de l'existence et aux situations difficiles auxquelles les individus sont confrontés.

Mais, à la différence de l'aliénation religieuse du passé telle que la concevait Marx, cette religiosité n'incite pas à se projeter dans un au-delà ni ne fournit un bonheur par procuration. Elle entend parvenir au bonheur sans plus attendre, ici et maintenant, dans l'immanence du monde et d'un présent débarrassé de toute histoire et de toute transcendance. Plutôt que de vouloir changer le monde en s'engageant dans l'histoire, l'homme peut trouver en lui-même et par lui-même les voies de son bonheur par un travail intérieur. Cette religiosité renvoie l'homme à lui-même et à un univers naturel comme source du divin. Elle n'exprime pas le soupir de la créature opprimée qui place ses espoirs dans une vie bienheureuse dans l'au-delà mais traduit le désarroi de l'individu esseulé qui cherche en toute autonomie en lui et dans la nature les voies de son épanouissement et de son salut.

Cette religiosité ne touche pas toutes les catégories sociales de la même manière mais n'est pas pour autant réductible à une question de classe. Ce n'est pas une idéologie qui impliquerait un système d'explications. Ses modes de diffusion ne relèvent pas du prosélytisme religieux, pas plus que de la propagande traditionnelle s'adressant aux larges masses et cherchant à les embrigader. Ce que cette religiosité reflète avant tout, c'est l'anomie d'une société qui ne sait plus d'où elle vient ni où elle va.

Elle est comme l'image inverse du fondamentalisme religieux. Elle s'intègre à la démocratie, mais son sentimentalisme, son pacifisme et son humanisme désincarnés sont proprement déconcertants. Intégrant une version angélique des droits de l'homme, cette religion de l'amour universel forme un vaste prêchi-prêcha en dehors de l'histoire et de la réalité.

Conclusion

La « démocratie rêvée des anges[1] »

La France et les démocraties européennes ont cru pouvoir se mettre à l'abri des désordres du monde et des défis qu'elles doivent relever en instituant une sorte d'univers fictif, faussement rassurant et protecteur. Un discours filandreux et bourré de bonnes intentions forme comme un cocon qui maintient la distance avec l'épreuve du réel et tente tant bien que mal de mettre du baume au cœur. Trois thèmes clés émergent de ce méli-mélo : dépréciation ou déni de notre passé et de notre culture ; appel incessant au changement individuel et collectif ; réitération des valeurs généreuses et de nobles sentiments. On s'arrangera toujours pour faire valoir ces thèmes sur le mode de l'évidence, que le discours soit ou non cohérent.

Beaucoup s'accrochent encore à ce monde fictif, comme s'ils voulaient à tout prix se persuader qu'il est possible de vivre en dehors de l'histoire et du tragique

1. Ce sous-titre s'inspire de celui du livre de Bérénice Levet, *La Théorie du genre ou Le monde rêvé des anges*, Grasset, 2014.

qui lui est inhérent. Le plus surprenant dans l'affaire est que les déclarations de paix et d'amour envers l'humanité tout entière ont redoublé alors que l'islamisme radical proclame sa haine des mœurs et des valeurs démocratiques, que l'État islamique et ses suppôts commettent des massacres de masse.

Une civilisation désincarnée

Si l'on en croit un discours angélique repris par des politiques, n'existerait qu'une « civilisation humaine » s'enrichissant constamment et indistinctement du brassage de toutes les cultures du monde.

Cette idée s'appuie sur des réalités : les nouvelles technologies de l'information et de la communication, le développement de la mondialisation dans tous les domaines… Elle se réfère à des préoccupations et à des aspirations : sauvegarde et protection de la planète, entraide humanitaire et solidarité internationale… Mais, pour importantes que soient ces évolutions, elles ne suffisent pas à fonder une seule et même civilisation.

Même si nous habitons la même planète, partageons une même condition humaine, la façon dont nous appréhendons cette situation n'a rien de naturel et d'évident ; elle s'exprime dans des œuvres, des idées, des échelles de valeur, des styles de vie… Cette expression n'est pas une mais plurielle, elle diffère selon les pays et les espaces civilisationnels, et c'est cette pluralité qui fait la richesse du monde humain.

La conception globalisante d'une seule et même civilisation humaine dénie le pluralisme culturel qui fait que les peuples et les civilisations n'envisagent pas la condition et la vie humaine de la même façon. Les différentes œuvres de pensée et créations artistiques portent leur expression au plus haut ; elles s'insèrent dans une culture particulière et contribuent à la richesse du patrimoine de l'humanité. C'est en ce sens qu'elles sont universelles. Ce n'est qu'à la condition de reconnaître le pluralisme inhérent au monde humain que l'ouverture culturelle et le dialogue entre les peuples et les civilisations peuvent trouver un sens et être un réel enrichissement.

En effaçant les différences, l'idée d'une seule civilisation tend à dénier qu'il existe des mœurs et des cultures dominantes – au sens de prégnance et d'influence –, à l'intérieur des pays et des civilisations. Elle véhicule un relativisme culturel qui considère que nous sommes devenus un « autre parmi les autres » vivants dans une sorte d'espace vide rempli par de bons sentiments. Cette conception fait écho à l'illusion du nouvel individualisme qui se croit en dehors de toute insertion et filiation historique en estimant qu'il en va de même dans le monde entier. Autrement dit, cet individualisme autocentré a tendance à se croire le centre du monde et l'idée d'une seule civilisation à son image lui convient bien.

L'idée d'un grand brassage des cultures va dans le même sens. Elle renvoie elle aussi à des évolutions bien réelles : celle de la mondialisation des échanges, de l'ouverture de la France et des pays européens aux autres cultures. Elle s'appuie sur la réalité d'un mode de vie particulier : celui d'une partie de couches moyennes pour qui la consommation, les loisirs, la fête et le tourisme, agrémentés d'un label éthique et solidaire, sont les marques d'une démocratie à la fois hédoniste et vertueuse. Mais ce mode de vie, si légitime soit-il, est loin d'être universel, et si le développement de la consommation et des loisirs constitue un progrès dans le domaine du bien-être auquel aspirent les peuples, il ne signifie pas mécaniquement la disparition pure et simple des traditions, du sentiment d'appartenance national, religieux, communautaire… Ce qui se passe dans le monde aujourd'hui le prouve abondamment. L'affirmation d'une seule et même civilisation humaine centrée sur un certain état des mœurs démocratiques dénie ces réalités dérangeantes ou les réduit à de simples scories du passé que le mouvement de l'Histoire aura tôt fait de balayer.

Si l'identité d'un peuple et d'une civilisation n'est pas une substance immuable qui ne changerait pas avec le temps, on ne saurait prendre comme modèle *a contrario* un brassage permanent et indéfini, sauf à épouser l'idée du monde comme chaos qu'il semble vain de vouloir ordonner et rendre signifiant. Cet universalisme qui noie tout dans l'indistinction n'a plus grand-chose à voir avec l'idée d'un universalisme de la dignité de la personne humaine et de la raison. Il fait écho à la mondialisation généralisée des échanges, comme si les cultures étaient de simples biens marchands mis librement à la disposition des individus qui en prennent et qui en laissent selon leur bon plaisir, sur le modèle du client-roi.

Une « citoyenneté du monde » apolitique

La notion confuse de « citoyenneté du monde », pour généreuse qu'elle soit, est porteuse d'un même type d'illusion. Elle sous-entend l'idée d'un lien direct, sans médiation, d'un individu à un autre et, de proche en proche, à l'humanité tout entière, en dehors de toute insertion et de toute médiation. Internet vient renforcer une telle vision. Outre le fait que, pour nombre de pays, ce lien direct ne va pas de soi, cette conception reflète la tendance de l'individualisme à se prendre pour le centre du monde.

Contrairement aux croyances nouvelles, la démocratie n'est pas « autofondatrice » ; elle n'est pas née et ne s'est pas développée « hors sol ». Elle a été précédée historiquement par des empires et des nations, des régimes politiques et des sociétés qui n'étaient pas démocratiques. On ne saurait considérer sommairement ces derniers comme les représentants d'une préhistoire moralement et politiquement incorrecte, que l'avènement de la démocratie aurait tôt fait de dissiper pour instituer une société débarrassée des préjugés et des croyances du passé.

La démocratie n'est pas non plus un « espace vide ». Elle laisse la place à l'interrogation, au doute, au débat, permet l'expression et la libre circulation des idées et des opinions ; chacun peut conduire sa vie comme il l'entend pourvu qu'il ne nuise pas à la liberté d'autrui. Mais cela ne signifie pas pour autant la dissolution du cadre national issu d'une longue histoire et avec elle la dissolution de l'État ou la réduction de son rôle à celui d'un prestataire de services répondant au coup par coup aux demandes des individus, des communautés et des groupes de pression[1].

Il en va de même pour l'expression des contradictions et les conflits au sein de la société. Celle-ci suppose la référence à une histoire commune – fût-elle soumise à

1. Dominique SCHNAPPER, *La Démocratie providentielle*, Gallimard, 2002.

débat et contradictions – et s'affirme dans le cadre d'un État de droit et de lois votées par les représentants de la nation. Faute de ces conditions, la reconnaissance des différences verse dans le relativisme généralisé et les conflits deviennent vite immaîtrisables.

L'idée de « citoyenneté du monde » brouille les repères qui structurent une collectivité historique : elle vide la notion de citoyenneté de toute appartenance nationale et européenne ; elle en dénature la signification proprement politique dans la mesure précisément où la politique suppose l'appartenance à une cité qui n'est pas planétaire, mais implique une histoire, une langue et une culture, la délimitation d'un territoire marqué par des frontières, l'existence d'un État qui incarne la collectivité et assure la sécurité… Le développement du droit international qui régule les rapports entre les nations, si important soit-il, ne signifie pas l'avènement d'une telle citoyenneté, pas plus qu'il n'efface la singularité des nations et des civilisations. Et l'idéalisme consisterait à penser que le droit international aurait aboli toute souveraineté des États[1].

On ne peut pas faire comme si ces repères de principe étaient des évidences. La déculturation et la confusion montrent précisément qu'il n'en va pas ainsi.

Discours informes

À la fin des années 1970, Cornelius Castoriadis décrivait le nouveau climat intellectuel dans la démocratie en

1. Cf. Philippe Raynaud, « De l'État de droit au droit sans l'État », in *Le Juge et le Philosophe,* Armand Colin, 2008, p. 121 et suivantes.

ces termes : « Il faut en prendre son parti, et s'y préparer : nous aurons à vivre un certain nombre d'années dans cette mélasse "théorique", en boxant des édredons[1]. » Cette tendance depuis lors s'est développée avec une forte dose d'« éthique » dans l'ensemble des sphères de l'activité sociale.

Dans le domaine social, rapports d'expertise, audits, colloques... ont érigé la « Modernisation », la « Réforme », le « Changement » en entités quasi métaphysiques flottant dans un entre-deux ni théorique ni pratique ayant ses propres codes de reconnaissance et son jargon. Un langage alambiqué dresse le tableau d'un monde composé d'« innovations » perpétuelles, de « mises en synergie », d'« échanges constructifs », de « pratiques participatives », de « valeurs » et de « projets » « partagés » en vue d'un « bien » ou d'un « mieux » « vivre ensemble », dans le cadre d'une « lutte contre les inégalités » et les « discriminations »... La réalité effective du changement et des pratiques évoquées est le plus souvent inversement proportionnelle à cette logomachie.

Dans le même temps, une vision angélique de la libre concurrence et de la mondialisation a retrouvé une seconde jeunesse : le marché libre, le libre jeu des intérêts et de la concurrence amèneraient la prospérité des nations. Cet optimisme libéral datant d'un autre siècle s'est heurté à la réalité d'une mondialisation économique marquée par la spéculation et une logique de court terme, qui étend considérablement le champ de la concurrence avec des pays hétérogènes, passant outre aux

1. Cornelius Castoriadis, « Les crises d'Althusser. De la langue de bois à la langue de caoutchouc », *Libre,* n° 4, Petite Bibliothèque Payot, 1978.

différences du coût du travail, à l'histoire économique et sociale propre à chaque pays.

Dans le domaine politique, un discours informe est devenu le mode d'expression d'un pouvoir qui n'assume pas clairement ses orientations et ses choix. Il en a été ainsi avec le tournant de la rigueur pris par François Mitterrand en 1983. À l'en croire, la gauche qui avait changé de politique économique n'en avait pas vraiment changé, le « projet socialiste » étant censé rester le même, quoi qu'il en fût. Les circonvolutions du langage ont atteint une sorte de paroxysme en mars 2006, lorsque Jacques Chirac, dans une même déclaration, a promulgué la loi votée au Parlement concernant le Contrat première embauche, tout en demandant de ne pas signer de tels contrats tant qu'ils ne seraient pas modifiés par une nouvelle loi. Comment s'y retrouver dans cette démocratie de l'informe et du déni ?

La volonté de satisfaire tout le monde aboutit en fin de compte à ne satisfaire personne et décrédibilise un peu plus la parole politique au sommet de l'État. On ne compte plus les promesses non tenues qui « n'engagent que ceux qui veulent y croire ». Dans ce domaine, les hésitations, les revirements, les détricotages et les retricotages des lois ont atteint des sommets sous la présidence de François Hollande, désorientant les citoyens qui ne savent pas où on les mène. Leurs dirigeants eux-mêmes le savent-ils vraiment ?

Le brouillage des significations par la gauche au pouvoir a opéré un glissement sournois des repères et des idéaux républicains. On ne parle plus d'« assimilation », ni même d'« intégration », mais de « société inclusive », tout en affirmant que cela ne signifie pas nécessairement la remise en question des principes républicains ; on proclame haut et fort que la théorie du genre n'est pas enseignée à l'école tout en formant les enseignants sur ce thème ; on relègue l'enseignement des Lumières au second rang dans la réforme du collège, on supprime les options du latin et du grec tout en affirmant qu'il n'en est rien…

Face aux critiques, les responsables de tels discours parlent de mauvaises lectures, de malentendus, de procès d'intention…, en s'appuyant sur telle partie du texte qui dit l'inverse de ce qui est dit ailleurs. On martèle à l'envi des mots qu'on enfile comme des perles : inégalités, discriminations, harcèlement, stéréotypes sexués… À force d'être noyés dans une bouillie langagière et conceptuelle, ces mots ne veulent plus rien dire. La nouvelle langue ne s'encombre pas de cohérence, l'important, c'est d'« aller de l'avant ». Ce genre de discours sape de l'intérieur la confiance en la politique et la démocratie.

Le Front national a su en tirer profit. Il a repris à son compte la figure de la victime en l'inversant, rappelé sur un ton véhément des réalités dérangeantes, dans une logique de revanche et de ressentiment qui aggrave les fractures de la société française. Il a été facile pour lui de s'insérer dans le fonctionnement délétère où les amalgames et la dénonciation ont pris le pas sur la raison, parce que lui-même les pratiquait depuis longtemps à coups de petites phrases provocatrices. Son discours type est symétrique de celui du nouveau monde, comme son image inversée : illusion d'un retour en arrière ; valorisation acritique de notre tradition ; exacerbation du ressentiment et logique du bouc émissaire. Les références éclectiques de Marine Le Pen, qui se réclame de la République, de la laïcité, de la Résistance, du gaullisme, la récupération de tout ce qui, de près ou de loin, sert son projet, sont pareillement révélatrices de l'éclectisme ambiant. Les débats sur la nature de ce parti ont largement ignoré l'adaptation des thèmes nationalistes, xénophobes et chauvins au nouvel « air du temps » attrape-tout. Le Front national prospère sur fond de malaise dans la démocratie et s'en nourrit allègrement.

Les gardiens d'un monde fictif et vertueux

En contrepoint, des journalistes militants et des associations se sont érigés en justiciers et donneurs de leçons. Ils entretiennent l'idée d'un monde qui se serait arrêté dans les années 1930 et 1940, condamné à rejouer éternellement les mêmes combats antifascistes, mettant hors champ les réalités nouvelles qui viennent remettre en question leurs vieux schémas. En même temps, ils se veulent toujours à l'avant-garde en matière de mœurs et d'éducation des jeunes générations, se présentent comme les défenseurs des dominés, des discriminés, des exclus, des immigrés, des sans-papiers, des descendants d'esclaves… L'analyse critique et l'argumentation cèdent le pas à la dénonciation sans fin de notre passé colonial.

Dans leurs propos, les victimes du monde entier et tout ce qui est différent de notre culture occupent une place de choix. Leur structure mentale divise le monde en un schéma simple, bipolaire, entre les « bons » (les pays du Sud, anciennement colonisés, les pauvres, les cultures exotiques…) et les « méchants » (les pays riches et puissants, le capitalisme et l'Occident…), qui sont d'emblée présentés comme les responsables de quasiment tous les maux de l'humanité. Les gardiens du nouveau monde se considèrent comme les défenseurs d'une démocratie vertueuse, ce qui leur confère une sorte d'impunité dans le traitement de l'information et de leurs adversaires.

Cette nouvelle « police de la parole et de la pensée » qui tente d'empêcher la libre réflexion, pour insupportable et liberticide qu'elle soit, n'est pas « totalitaire » au sens strict du mot, contrairement à ce que peuvent laisser entendre certaines critiques à son endroit. Sa propension à la stigmatisation ne renvoie pas à une idéologie structurée, encore moins à une « fiction monstrueusement cohérente », pour reprendre l'expression d'Hannah Arendt. Ses propos et ses écrits sont composés de débris d'idéologies passées et de « moraline » assortis au nouvel individualisme contemporain. Sa fonction consiste avant tout à maintenir et à protéger un monde fictif et vertueux en empêchant l'intrusion des démentis du réel et des « trouble-fêtes ».

Ce « politiquement et moralement correct » a connu ses heures de gloire dans les années 1980-1990. Il a été véhiculé et soutenu par une gauche en crise qui a abandonné la « question sociale » et fait du « gauchisme culturel » le nouveau marqueur de son identité[1]. Ses représentants ont occupé et occupent encore le pouvoir au sein de nombreuses instances culturelles et médiatiques avec le soutien de l'État. Aujourd'hui, ce « politiquement et moralement correct » n'appartient plus à un camp, même s'il est vrai que la gauche en a été l'avant-garde et que des journalistes et des personnalités du showbiz qui se réclament volontiers de la gauche y sont généralement les plus enclins.

---

1. Cf. « Du gauchisme culturel et de ses avatars », *Le Débat*, *loc. cit.*

Nous assistons aujourd'hui à sa décomposition, ce qui ne signifie pas que ses représentants ne continueront pas de s'accrocher à leur pouvoir et à leur fonction. Leur présence dans certains médias fait encore illusion, mais la coupure entre leur univers mental et l'état réel de la société est devenue de plus en plus manifeste. Leur hégémonie est désormais battue en brèche, et c'est sans doute pour cette raison qu'ils continueront de stigmatiser leurs opposants, en intéressant de moins en moins de monde en dehors d'eux-mêmes et d'un petit milieu qui s'accroche à une identité en morceaux.

Débat chaotique dans un univers clos

L'érosion de la suprématie du politiquement et moralement correct au sein de la société ne signifie pas pour autant un renouveau de la réflexion et du débat. Dans l'espace public, l'expression débridée des affects et des sentiments, les accusations et les dénonciations à l'emporte-pièce sont devenues des modes d'expression courants.

« Insécurité », « immigration », « banlieue », « islam », « identité nationale »... ces mots suscitent des réactions d'indignation, chacun étant censé choisir son camp sans qu'on ait pris soin de définir au préalable de quoi au juste il est question. Les mots sont réduits à des signaux et à des stimuli enclenchant des réponses réflexes qui elles-mêmes suscitent d'autres réactions.

Beaucoup de débats ou d'interviews menés par des journalistes militants restent encore structurés de la même manière, avec une place assignée aux gentils et une autre aux méchants. Celui qui refuse d'entrer dans ce « jeu démocratique » peut être considéré comme un adversaire de la « Démocratie » et du « Débat ». « Il ne faut jamais refuser le Débat », quand bien même il a lieu avec ceux qui peuvent vous traiter vertement de tous les noms. Un tel refus peut être interprété comme la preuve d'un rejet des vertus de la Tolérance, du Pluralisme et… du Débat. CQFD.

La question est de savoir ce que l'on entend au juste par « débat » et à quelles conditions celui-ci demeure éclairant. Il faut poser la même question que celle concernant la « Modernisation », la « Réforme » ou le « Changement » : débattre, oui, mais de quoi au juste ? Quel est l'enjeu, et pour quoi faire ?

L'illusion ne consiste pas seulement à penser qu'on a changé les choses quand on en a beaucoup discuté, mais aussi à croire que la démocratie signifie débattre pour débattre à n'en plus finir, en mettant tout le monde et tous les sujets sur le même plan, en laissant libre cours à la subjectivité débridée, à la dénonciation victimaire et au zapping. Les commentaires des commentaires tournent désormais en boucle ; on parle de plus en plus vite sur un ton saccadé. Tout et son contraire peuvent être dits avec un pareil aplomb et, ce faisant, tout se brouille et se dissout. Ce fonctionnement est typique des médias qui cherchent à tout prix à faire de l'audience et des réseaux sociaux avec le « buzz » comme critère d'évaluation. Qu'importent alors la cohérence et la raison, la distinction des idées, les arguments… Dans ce spectacle permanent la société s'affiche égalitaire et « participative » en ne laissant personne en repos. L'important, c'est d'en être.

« Tous pareils, tous différents », ce slogan publicitaire d'une marque de vêtements branchés des années 1990 traduit on ne peut mieux un nouveau conformisme bariolé où tous les individus qui se veulent uniques et différents se ressemblent et participent d'un monde chaotique et insignifiant.

Reconstruire

La période critique que nous vivons me semble exiger un type d'engagement semblable à celui que traçait Albert Camus : « Chaque génération, sans doute, se croit vouée à refaire le monde. La mienne sait pourtant qu'elle ne le refera pas. Mais sa tâche est peut-être plus grande. Elle consiste à empêcher que le monde se défasse[1]. » L'épreuve de la réalité sous la forme extrême de la barbarie et du terrorisme islamiste est venue ébranler la « démocratie rêvée des anges » ; les vagues migratoires renforcent les angoisses et les craintes identitaires ; le chômage de masse continue d'exercer ses ravages… Nous vivons dans un moment critique de l'histoire qui peut déboucher sur des formes de guerre civile, de conflits ethniques plus ou moins larvés en France et en Europe. Il ne s'agit pas seulement de faire face aux menaces du terrorisme islamiste, mais aussi de rompre avec la démocratie de l'informe et du déni, du relativisme culturel et de la démagogie qui renforcent le malaise et nous désarment. Sans faire d'analogie historique avec la période de l'après-guerre, les déstructurations qui se sont opérées depuis près d'un demi-siècle nécessitent de mener à bien un travail de reconstruction, faute de quoi la France sera de plus en plus morcelée, livrée à la démagogie et à tous les

1. Albert Camus, *Discours de Suède (décembre 1957)*, Gallimard, Folio, 2001, p. 18-19.

extrémismes avec une Europe impuissante, coupée des peuples et allant de plus en plus à vau-l'eau.

Il est facile de dénoncer en bloc l'État, la classe politique et les élites qui auraient tous trahi et seraient tous bons à mettre dans le même sac, de flatter en même temps la société et « ceux d'en bas » dans une optique démagogique qui est sûre d'avoir de l'écho. Nous ne sommes pas maîtres de l'histoire, mais cela ne signifie pas qu'il faille renoncer à agir sur elle. L'analyse critique sans concessions de la démocratie informe peut s'accompagner d'un engagement qui ne renonce pas à se prononcer sur un « devoir être » au sein même des sociétés démocratiques. Dans cette optique, il me paraît nécessaire de poser quelques principes et grands axes d'une résistance et d'une reconstruction possibles. Ce faisant, je n'entends pas exposer un quelconque programme ni donner des leçons, mais il m'importe de faire part de ma réflexion et de mon expérience sans prétendre à l'exhaustivité. Libre aux politiques, aux responsables et aux citoyens d'en tirer les leçons qu'ils jugeront utiles.

Pour le dire de façon schématique, cette reconstruction – qui ne se fera pas en un jour – implique des exigences et un travail à un double niveau : la formation d'un ethos démocratique et d'une citoyenneté éclairée ; la restauration de la dignité de la politique et de l'État.

Affronter la réalité

La reconstruction de l'ethos d'une société ne peut se faire uniquement par l'école et la formation. Même si celles-ci jouent un rôle important, elles ne peuvent parvenir à elles seules à faire face à des phénomènes de déstructuration anthropologique qui touchent certaines catégories de la population. C'est dans ce cadre qu'il faut replacer la question du travail et de l'emploi. Pour nécessaire qu'elle soit, la réforme du Code du travail ne créera pas magiquement de l'emploi, la relance économique dépend de bien d'autres facteurs et l'on ne peut passer sous silence la politique monétaire et économique suivie en France et dans l'Union européenne. Par-delà la complexité des discours et des diverses prévisions économiques – dont le moins que l'on puisse dire est qu'elles ne découlent pas d'une science exacte –, il s'agit d'aborder ces questions sans tabous, de façon pragmatique, en s'attachant à mettre en lumière les effets des orientations et des choix économiques sur l'emploi.

Des années de « galère » ou de chômage rendent difficile la réinsertion directe dans l'emploi privé ou public. La désocialisation d'une partie de la jeunesse et le chômage de masse de longue durée ne relèvent pas seulement d'un traitement en termes d'aides sociales, de stages de formation, d'accompagnement et de suivi psychologique, voire de « politique de la ville »... Elle nécessite un travail de restructuration qui passe par des activités de réinsertion socialement utiles permettant de se confronter à l'épreuve du réel, de renouer des liens collectifs et de retrouver l'estime de soi. Pour les jeunes en situation d'échec et d'errance, cette question est désormais posée à travers l'idée de l'instauration d'un service civique ou militaire permettant en même temps de développer le sentiment d'appartenance à la nation. Plus globalement, l'implication d'anciens militaires en partenariat avec d'autres ministères et associations, comme cela a commencé à se faire, peut être un apport dans ce travail de restructuration identitaire.

Restent des situations difficiles liées aux déstructurations familiales et à la responsabilité des familles concernant l'éducation. Dans ce domaine, l'État ne peut pas tout, mais il importe de responsabiliser et d'aider les familles déstructurées en cessant la politique de l'excuse victimaire et de la démagogie antiautoritaire. Ce travail a commencé à être mené avec des associations de parents et des bénévoles au plus près des situations.

Plus globalement, responsables éducatifs et adultes devraient avoir le courage de rompre clairement avec le « jeunisme » qui considère de plus en plus tôt les enfants comme des adultes et des citoyens avant l'heure, érige la culture adolescente en modèle de référence. Cette démagogie place les jeunes dans des situations paradoxales qui les déstabilisent, rendant plus difficile leur passage à l'âge adulte. L'école ne doit pas servir de laboratoire aux idéologues et aux pédagogues modernistes qui entendent former les jeunes générations selon leur modèle de l'enfant autonome et conforme à leur idée du Bien. Dans cette même optique, il importe de veiller à l'indépendance de l'école vis-à-vis des associations militantes de toute nature et des groupes de pression. L'enseignement doit être protégé de l'« air du temps » et des modes pour se recentrer clairement sur ses missions fondamentales. Pour ce faire, une formation professionnelle est indispensable, mais encore faut-il qu'elle se débarrasse non de la pédagogie indispensable, mais du pédagogisme, de son jargon et de ses « outils-miracles » supposés répondre à toutes les situations.

À l'école, il faut que cesse l'accumulation des directives, des circulaires pédagogiques jargonneuses, des campagnes de sensibilisation et de mobilisation qui s'accumulent pour que les enseignants puissent faire leur métier en se concentrant sur l'apprentissage des fondamentaux. Ce métier peut-il, du reste, être le même pendant toute une vie professionnelle ? Plutôt que de rester devant des élèves durant toute sa carrière, un enseignant devrait pouvoir exercer plus facilement une autre activité dans le secteur public ou privé. Plus largement, une plus grande mobilité entre secteur public et secteur privé devrait être possible pour tous.

Il en va de même pour le management de la ressource humaine, domaine dans lequel le « parler creux sans peine » et la fétichisation des « boîtes à outils » se sont largement répandus. Il ne devrait plus être concevable que des jeunes issus des grandes écoles ou des experts autoproclamés, sans grande expérience humaine et professionnelle, puissent encadrer et donner des leçons coupées des réalités à des professionnels disposant d'une sérieuse « expérience de terrain. C'est pourtant ce qui s'est pratiqué pendant des années et continue de se faire aujourd'hui. Il s'agirait de mettre fin au règne des « ingénieurs des âmes » et des « bricoleurs du comportement » qui entendent « changer les mentalités » et « stimuler la motivation » par une psychologie de bazar en dehors de toute référence aux compétences et aux pratiques professionnelles.

La promotion sociale s'est trouvée pervertie par une sous-culture sociologique, pédagogique et managériale comme facteurs clés de distinction moderniste et de réussite. C'est en fait l'ensemble du système de promotion sociale qu'il s'agit de repenser en le restructurant à partir des fondamentaux que sont l'apprentissage d'un métier de base et une solide culture générale. C'est sur ces bases que les compétences dites « comportementales » et

« relationnelles » peuvent avoir un sens et une efficience[1]. Cela implique de valoriser l'apprentissage et les mises en situation, en même temps que les contenus structurés de connaissances de culture générale qui permettent à la fois l'acquisition de connaissances scientifiques et techniques et l'intelligibilité du monde contemporain. La valorisation du professionnalisme dans tous les domaines de l'activité sociale est une condition du renouveau de l'ethos démocratique.

Former autrement

Plus globalement, il faut s'interroger sur les raisons de l'incapacité d'une partie des élites à comprendre la mentalité de catégories entières de la population. Un tel fossé renvoie à une situation historique marquée par la déculturation et la perte du sens commun. Les changements opérés dans la formation ont joué un rôle important.

Dans leurs parcours de vie et de formation, une partie des élites sont moins amenées à fréquenter les citoyens ordinaires. Les deux principales institutions qui permettaient à la fois la rencontre des différentes catégories sociales et la formation du sentiment national ne jouent plus ce rôle aujourd'hui : le service militaire obligatoire a été supprimé et l'école républicaine est en crise depuis longtemps.

Littérature, histoire et philosophie ont par ailleurs été longtemps des éléments de référence dans l'enseignement

1. Les formations au management peuvent être repensées dans cette perspective. Cf. Jean-Pierre Le Goff, *Les Illusions du management. Pour le retour du bon sens, op. cit.*

et l'éducation populaire. Ces disciplines s'enracinaient dans une tradition nationale, elles étaient au cœur d'une culture humaniste et républicaine, constituaient des ressources intellectuelles et morales pour les responsables et les hommes d'action. Cette culture a été le creuset du courant modernisateur de l'après-guerre. Aujourd'hui, l'expertise et l'audit dans tous les domaines ont pris le dessus avec la prégnance d'une sous-culture sociologique, pédagogique et managériale. Il en ressort des discours et des rapports qui se noient dans des détails, des circonvolutions et font preuve d'une pédanterie plus ou moins savante. Ce genre de rapport est en décalage avec la réalité et sert surtout à conforter les « décideurs » dans leur modernisme et leur fuite en avant.

Pour repenser la formation et la promotion sociale, il faut partir de cette double situation : comment renouer le lien entre les différentes catégories sociales à travers une expérience humaine et une culture communes ?

La société ne manque pas de ressources d'humanité chez tous ceux qui, par leur parcours de vie et leur activité, se trouvent confrontés à l'épreuve du réel et n'entendent pas céder aux sirènes tant du modernisme que du déclinisme ambiant. C'est à eux de faire entendre leur voix. Il s'agit à la fois d'être attentif aux pratiques nouvelles et de faire le lien entre les intellectuels qui mènent un travail d'analyse et de compréhension des évolutions du monde et ceux qui se trouvent en situation d'action et de responsabilité dans les différentes sphères d'activité. Renouer ce lien exige de promouvoir les lieux et activités permettant le décloisonnement social, l'échange des expériences et des pratiques, en même temps que la formation du raisonnement et du jugement. Dans cette perspective, la littérature, l'histoire, la philosophie… tout autant que les contenus scientifiques et techniques constituent des ressources importantes. Développer l'esprit critique, partager le patrimoine culturel commun (ce qui suppose aujourd'hui un travail de réappropriation), former des élites issues du peuple… autant d'idéaux premiers de l'éducation populaire qui trouvent à nouveau de l'écho.

Il n'y a pas de fatalité au développement de l'inculture, de l'à-peu-près et du parti pris dans la diffusion de l'information. La déontologie professionnelle, la formation et la culture des journalistes comptent beaucoup. Le pluralisme et la liberté de l'information sont essentiels à la démocratie, mais encore s'agit-il d'ajouter que celle-ci n'a de sens que s'il existe un ethos commun impliquant un sens de la responsabilité, une rigueur et des règles, faute de quoi l'information, le pluralisme et la liberté peuvent servir à justifier le mépris des faits et les dénonciations en tout genre.

Ne pas désespérer de la politique

On ne saurait désespérer de la politique dans un pays comme la France, qui est le fruit d'une longue histoire marquée par l'attachement à la puissance publique et à la capacité de la politique à changer le cours des choses. Mais encore s'agit-il de savoir à quelles conditions la politique peut retrouver sa dignité et sa crédibilité. Deux exigences peuvent être mises en avant : assumer ses responsabilités et sa fonction ; réarticuler la politique à l'histoire.

À force de se présenter depuis des années comme des hommes ordinaires, de mélanger leur vie privée et leur fonction, des femmes et des hommes politiques ont dégradé leur statut, l'activité et la représentation politique. Le discours s'est lui-même aligné sur un « franc-parler » qui fait fi de la syntaxe ; on parle mal et on « tweete » à la moindre occasion. Contrairement à ce qui a été affirmé, le président de la République, les représentants de la nation et les politiques ne sont pas des hommes comme les autres. Ils ont des devoirs et des contraintes propres à leur fonction. Les qualités et les compétences requises ne sont pas données à tout le monde ; elles ont un caractère aristocratique (au sens grec, premier du terme, qui signifie le pouvoir des meilleurs) ou élitaire par le type de vertu qu'elles exigent, et qui peut apparaître hors du commun. En politique, on ne saurait en rester à l'« éthique de conviction », encore moins à l'éthique de la bonne intention et des bons sentiments. La démocratie suppose une « éthique de responsabilité » qui prend en compte les effets indésirables de ses paroles et de ses actes dans une situation donnée. S'y ajoute une exigence d'intégrité qui a valeur d'exemple auprès des citoyens. Depuis des années, ces principes éthiques et politiques qu'incarnent nombre d'hommes et de femmes politiques ont été bafoués par une série d'affaires et de scandales à répétition.

Après les années gaulliennes et ce qu'on a appelé la « monarchie républicaine », le rapprochement entre l'État et la société a marqué une nouvelle étape démocratique. On ne reviendra pas à un ancien modèle autoritaire et hautain, mais le sens de l'État et de l'« intérêt supérieur » du pays exige une autre tenue que celle du manager réactif, compassionnel et communicant. Il faut cesser de surfer sur les évolutions sociétales problématiques en espérant en tirer quelques profits électoraux. Une prise de conscience s'est amorcée qui doit aller jusqu'au bout.

C'est l'une des conditions de la restauration de la dignité de la politique et de l'autorité de l'État.

Dans le même temps, la politique ne peut retrouver un sens pour les citoyens que si elle sort d'une logique purement gestionnaire et comptable, d'une réactivité sans stratégie et sans vision. Les Français sont fatigués des appels réitérés aux sacrifices et au changement qu'on leur serine depuis des années sans jamais en voir le résultat, tout particulièrement en termes d'emploi. La politique ne peut se résumer à leur demander constamment des efforts si, dans le même temps, les politiques se montrent impuissants à réguler les échanges économiques, à favoriser l'emploi et à tracer un avenir discernable. L'économisme est devenu la grille de lecture dominante de pays déboussolés qui ne parviennent plus à réinsérer l'économie dans un creuset historique et culturel qui puisse faire sens pour les peuples. Le récit national comme le récit européen sont en morceaux et l'on ne peut continuer la fuite en avant. Si « la politique ne peut pas tout », nous n'en attendons pas moins qu'elle permette de sortir de ce climat délétère, en nous disant clairement ce qu'il en est de ce « cher vieux pays » et où il va.

Nation et Europe : quels héritages et quelle transmission ?

On ne peut plus évacuer la question : si la liberté individuelle de vivre sa vie comme on l'entend, celle de profiter du bien-être, de la consommation et des loisirs sont des acquis des démocraties modernes, ils ne peuvent suffire pour refonder une nouvelle dynamique nationale et européenne. Cette question n'est pas nouvelle, mais elle prend une acuité particulière aujourd'hui.

L'alternative au nationalisme xénophobe et chauvin n'est pas l'évocation d'une patrie désincarnée, encore moins d'une citoyenneté du monde invertébrée. Elle suppose une histoire, un « héritage de gloire et de regrets à partager » et « dans l'avenir un même programme à réaliser »[1]. Le « consentement, le désir clairement exprimé de continuer la vie commune[2] » est inséparable de cette inscription dans l'Histoire. On ne crée pas le désir de vivre ensemble à partir de rien et la démocratie ne peut retrouver un élan sans la reconstruction de ce fond commun. Dans ce domaine, les idéaux issus des Lumières, la conception républicaine de la citoyenneté sont des références clés.

L'Union européenne s'est construite dans une période où une partie des sociétés démocratiques européennes doutent de leur héritage. Dans cette situation, les droits de l'homme, avec l'illusion que ceux-ci sont naturellement partagés par tous les peuples du monde et l'économisme, plus précisément la logique économique libérale, ont tenu lieu d'identité et de projet. Après la chute du mur de Berlin, c'est sous cette double modalité que certains ont pu croire à une « fin de l'histoire » et à l'entrée dans un monde pacifié de « citoyens du monde ». Dans cette optique, l'élargissement de l'Union européenne semblait un moment n'avoir plus de frontières ni de contours bien précis.

Il faut là aussi cesser la fuite en avant. On ne créera pas l'Europe sans les peuples et les nations. Comme l'a

1. Ernest RENAN, *Qu'est-ce qu'une nation ?*, Presses Pocket, 1992, p. 54.
2. *Ibid.*

justement souligné Alain Finkielkraut, « l'immigration qui contribue et qui contribuera toujours davantage au peuplement du Vieux Monde renvoie les nations européennes et l'Europe elle-même à leur identité[1] ». Par peur d'une « guerre de civilisation » et de stigmatisation de nos compatriotes de confession musulmane, on s'est refusé à aborder rationnellement ces questions, lui préférant le vaste salmigondis de valeurs abstraites et de nobles sentiments.

L'islam est une des grandes religions de l'humanité et son implantation récente en Europe de l'Ouest résulte principalement d'un mouvement d'immigration qui s'est développé surtout après la Seconde Guerre mondiale et la décolonisation. Nous devons refuser les amalgames, mais il y a un choc culturel avec l'islam comme religion nouvellement implantée qu'il est vain de nier. La manifestation de son particularisme religieux provoque un rejet qui reste majoritairement dans les normes de la civilité et ce rejet ne peut être considéré d'emblée comme « islamophobe » ou « raciste » dans un pays républicain ayant ses propres traditions. Dans ce domaine, les différences ne portent pas seulement sur la laïcité, mais sur l'égalité des sexes, la place accordée à la femme et le regard posé sur elle. Il appartient à nos compatriotes de confession musulmane de sortir de leur mentalité victimaire et de mener un travail de réflexion et d'exégèse sur leur propre religion.

Le dialogue entre les cultures ne se confond pas avec le brassage inconstant et un œcuménisme éthéré ; l'ouverture et l'échange, pour pacifiques qu'ils soient, n'en impliquent pas moins une confrontation. Nous devons

1. Alain Finkielkraut, *L'Identité malheureuse*, *op. cit.*, p. 134.

être capables d'aborder sereinement et clairement les différences existant entre les peuples et les civilisations qui ont des histoires et des cultures différentes. Mais encore s'agit-il de savoir quels sont les acquis de notre propre histoire, ce qui distingue la France et l'Europe du reste du monde, et ce à quoi nous tenons.

Qu'on le veuille ou non, les pays de l'Europe occidentale se sont construits avec les héritages grec et romain, juif et chrétien et celui des Lumières. Cet héritage est marqué par le doute et la distance critique qui font de l'Europe le « continent de la vie interrogée », selon l'expression de Jan Patočka. Les autres civilisations n'ont pas le même parcours historique et, si elles s'inscrivent aujourd'hui dans le monde moderne, elles le font à partir de leur histoire et de leurs traditions propres. On ne peut faire fi de cette réalité historique, sinon au prix du déni de ce qui spécifie l'Europe. L'identité d'un pays et d'une civilisation n'est pas une substance immuable et fermée, mais elle ne signifie pas pour autant une recomposition constante et indéfinie. Elle suppose un cadre structurant, une interprétation de son histoire et de son héritage qui implique un choix, structure les événements, leur donne une signification et met en valeur des potentialités inexploitées du passé.

Après des années d'histoire pénitentielle qui nous désarme face à ceux qui veulent nous détruire et considèrent que note culture est moribonde, il importe de faire valoir les acquis de notre pays et de la civilisation européenne. Autrement dit, la reconstruction économique, sociale et politique doit s'accompagner d'une reculturation, d'une réappropriation de notre héritage culturel. Non pour revenir en arrière et croire qu'il serait possible de restaurer le monde ancien, mais pour reconstruire un ethos démocratique, faire valoir le sens de la politique et d'une « citoyenneté éclairée » qui s'enracinent dans notre histoire, dans une nation qui est la nôtre et dans une Europe qui se construit tant bien que mal à travers les épreuves et les contradictions.

Rien n'est joué. Un cycle historique est en train de finir dans la confusion et le chaos. L'histoire est ouverte sur des possibles inquiétants. La réappropriation des acquis de notre histoire prendra du temps, étant donné les bouleversements qui se sont produits depuis près d'un demi-siècle. Mais c'est une condition pour que la France et les démocraties européennes sortent de leur malaise et entament une nouvelle page de leur histoire. L'espérance est à ce prix.

Table

Cet ouvrage a été composé
par Nord Compo à Villeneuve-d'Ascq (Nord)
et achevé d'imprimer en janvier 2016
par Grafica Veneta
près de Venise
pour le compte des Éditions Stock
31, rue de Fleurus, 75006 Paris

PAPIER À BASE DE FIBRES CERTIFIÉES

Stock s'engage pour l'environnement en réduisant l'empreinte carbone de ses livres. Celle de cet exemplaire est de :
350 g éq. CO_2
Rendez-vous sur www.editions-stock-durable.fr

Imprimé en Italie

Dépôt légal : février 2016
N° d'édition : 01
19-07-8759/6